VALTER DANNA

Oficina de Pastoral de la Familia
Arquidiócesis de Turín

Fe y homosexualidad

Asistencia pastoral y
acompañamiento espiritual

D1572328

Obra Nacional de la
Buena Prensa, A.C.

Fe y homosexualidad
Valter Danna

© 2009 Effatá Editrice
Via Tre Denti, 1 – 10060 Cantalupa (Torino)
ISBN 978-88-7402-477-3

Primera edición, mayo de 2010

Hecho en México.
ISBN: 978-607-7795-34-6
Con las debidas licencias.

Derechos © reservados a favor de:  **Obra Nacional de la Buena Prensa, A.C.**

Orozco y Berra 180, Sta. María la Ribera
Apartado M–2181, 06000 México, D.F.
Conmutador: 5546–4500 –Fax: 5535–5589
ventas@buenaprensa.com –www.buenaprensa.com
Lada sin costo: 01 800 5024–090

Librerías:

México, D.F. • Ribera de San Cosme 5, Col. Sta. Ma. la Ribera. Tels. 5592–6928 y 5592–6948. • Orizaba 39 bis. Col. Roma, Tels. 5207–74 07 y 5207–8062. • Congreso 8, Col. Tlalpan. Tels. 5513–6387 y 5513–6388. • Donceles 105–D, Centro. Tels. 5702–1818 y 5702–1648.

Chihuahua, Chih. Av. Tecnológico 4101, Plaza Comercial San Agustín. Col. Granjas. Tels. (614) 410–9461 y 415–0092.

Guadalajara, Jal. Madero y Pavo, entre Federalismo y 8 de Julio, Sector Juárez. Tels. (33) 3658–1170 y 3658–0936.

Guadalupe, Zac. Calle Jardín de Juárez 10. Tel. 01 (492) 899–7980.

León, Gto. Hermanos Aldama 104, Col. Centro Tel. (477) 713-7901.

Mérida, Yuc. Callejón del Congreso 490-B. Parque La Madre, Centro. Tel. (999) 928-03-40

Monterrey, N.L.

• Washington 812 pte. esquina con Villagómez, Col. Centro. Tels. (81) 8343–1112 y 8343–1121.

Puebla, Pue. Blvd. Valsequillo 115, Plaza Crystal, locales 9–12. Col. Residenciales Boulevares. Tel. (222) 211–6451.

Torreón, Coah. Calz. Cuauhtémoc 750 Nte. Centro. Tels. (871) 793–1451 y 793–1452.

Tuxtla Gutiérrez, Chis. Tercera Oriente Sur 165–3. Col. Centro. Tel. (961) 613–2041.

Se terminó de imprimir esta primera edición el 26 de mayo de 2010, festividad de san Felipe Neri, en los talleres de Offset Santiago, S.A. de C.V. Río San Joaquín 436, col. Ampliación Granada, 11520, México, D.F. Tel: 9126-9040.

Índice

Prólogo

El presente texto de ayuda para el acompañamiento pastoral de las personas homosexuales, es el fruto equilibrado y maduro de una extensa labor de escucha y consulta de infinidad de personas involucradas en dichas circunstancias o de expertos en diversos campos del saber humano y teológico sobre las dificultades relativas a la vida de fe y la inserción eclesial de las personas homosexuales quienes, como afirma el *Catecismo de la Iglesia Católica*, son "un número apreciable" y deben ser acogidos "con respeto, compasión y delicadeza" (n. 2358).

En 2005, nombré como encargado del presente proyecto a Valter Danna, Director de la Oficina Diocesana de Pastoral de la Familia y asimismo a Ermis Segatti, con el fin de que escucharan y dialogaran con algunos de los representantes de los grupos de creyentes de orientación homosexual, dentro de un marco abierto sobre los principios de la moral católica de manera cordial y sin prejuicio alguno respecto al ámbito de las relaciones humanas.

El carácter experimental del documento de propuesta pastoral y práctica se propone conocer mejor la fenomenología de la persona homosexual (marcando la diferencia entre orientación y comportamiento) y ofrecer indicaciones concretas para que su vida en la fe y su camino de santidad en la Iglesia se desarrolle y dé buenos frutos.

Por lo tanto, se trata de una propuesta que como Arqui-diócesis planteamos para su experimentación y reflexión a todos los agentes dentro del ámbito de la pastoral: sacerdotes, religiosos y religiosas, parejas de esposos y padres, educa-dores y animadores.

Ha llegado el momento de afrontar esta situación puntual en la pastoral de nuestras parroquias y comunidades, porque las personas en dicha situación tienen el derecho de ser ayu-dadas, pues con los hechos demostramos que somos Iglesia, semilla verdadera de unidad y salvación para todo el género humano, sin renunciar, por supuesto, a un solo ápice de la verdad del Evangelio.

Deseo que este trabajo no sea recibido como pretexto para debates periodísticos sino como un apoyo pastoral para todos aquellos que en nombre de Jesús, son llamados a acoger, aconsejar y guiar a dichas personas por el camino de la salvación.

Turín, 18 de enero de 2009.

+Severino Card. Poletto
Arzobispo de Turín

Capítulo I

Introducción

El presente trabajo no pretende mostrar nuevas verdades ni alejarse de los señalamientos morales de la Iglesia católica concernientes a la moral sexual; desea ofrecer a los pastores y agentes pastorales reflexiones profundas dentro del frágil ambiente de la pastoral ordinaria, a manera de orientación práctica que los ayude a guiar a las personas homosexuales con una mirada respetuosa y amigable. Los redactores y editores esperan que pueda ser una ayuda concreta para el confesor, para el padre espiritual, para todo aquel que tenga responsabilidades educativas, formativas y pastorales. Naturalmente, al hablar de un tema tan delicado y controvertido, sujeto de cierta forma a la investigación, las sugerencias presentadas en este texto están abiertas a la discusión y examen de experiencias de los operadores en el ámbito pastoral. Nuestro trabajo no es un tratamiento teórico y exhaustivo del tema "homosexualidad", sino la presentación misma de señalamientos concretos para su valoración dentro de la práctica pastoral.

Esta publicación es producto de la reelaboración meditada de una serie de aportaciones orales y escritas durante una experiencia bienal de encuentro y comunicación entre dos sacerdotes de la Diócesis de Turín (padre Valter Danna y padre Ermis Segatti), quienes recibieron un mandato específico de parte del Arzobispo, y algunos miembros del grupo de trabajo "Fe y homosexualidad" constituido en Turín en el marco de la celebración de la Marcha del Orgullo Gay de Turín en 2006. Esta "mesa" formada por sacerdotes especializados en ámbitos específicos de la pastoral del diálogo y acompañamiento, y personas creyentes y practicantes que en su mayor parte viven su propia condición homosexual, trabajó con interés y respeto sobre el tema, y ofreció una serie de reflexiones que son la base de este documento. Después de la redacción del borrador, el texto fue leído y revisado por diversos expertos y algunos sacerdotes, cuyas pertinentes observaciones fueron transcritas y ahora forman parte de este documento final. En particular, deseamos dar las gracias a los teólogos morales, padre Mario Rossino y padre Franco Ciravegna y al doctor Giovanni Galletto y a la doctora Delia Piazzese, psicólogos y psicoterapeutas.

Estas páginas pretenden ser una reflexión abierta que facilite los encuentros y las reconciliaciones. Estamos conscientes de la necesidad de estos, tanto para quien cree como para quien no cree, con la esperanza de que no sean momentos carentes de la salvaguardia de la fe. Uno de los aspectos que quisiéramos enfatizar, antes de iniciar una reseña necesariamente esquemática de los puntos críticos y de los objetivos de una pastoral con las personas homosexuales, nace de la consolidación de la experiencia interior al interior de los grupos de homosexuales creyentes, que los amigos del grupo de trabajo nos entregaron. Para muchas personas homosexuales –como para todo creyente– la experiencia de fe no es un suceso secundario para la realización del proyecto personal. La adhesión al Evangelio de Jesucristo y el deseo de buscar, a través de los valores fundamentales del cristianismo, respuestas concretas a las dudas y dificultades que enfrentan las personas homosexuales, pueden inspirar en muchos de ellos un camino de liberación. Resulta difícil que dicho camino interior predetermine o preordene esquemas dicotómicos que pueden tomarse en el sentido de culpabilidad del fenómeno "homosexualidad", o en el sentido de una indiscriminada homologación de tal fenómeno a una de las posibles modalidades de amar. En realidad el "camino de liberación" se refiere a un acompañamiento sabio que ayude a la persona homosexual creyente a comprenderse mejor a sí misma, a cambiar aquello que es necesario cambiar de sí para crecer en el encuentro personal y eclesial con el Señor Jesús, dejando emerger en sí misma aquellas tensiones profundas y aquellas potencialidades de su interioridad que podrán ayudarla a vivir una existencia personal llena de sentido y capacidad de ayuda y colaboración para con los demás a la luz de la misericordia del Padre.

Deseamos que este libro favorezca el ejercicio de un servicio pastoral más capacitado para encontrar el corazón de las personas y llevarlas así al encuentro transformador con Jesucristo. Nos sentiremos muy agradecidos con todos aquellos que al recibir nuestro esfuerzo por ofrecer un servicio útil, nos hagan saber sus observaciones y críticas acerca del texto, para abrir una serena comparación con el propósito de lograr un trabajo pastoral cada vez más eficaz gracias a su apertura a la gracia del Señor.

Capítulo II

¿Qué es la homosexualidad?

1. Una cuestión difícil

Preguntarse qué es la homosexualidad significa afrontar un argumento muy complejo que requiere de la atención paciente y una inteligente caridad de todo aquel que aborde dicho tema. La principal dificultad con la que nos topamos al tratar este tema se relaciona, sin duda, con la escasez de información al respecto. En estos últimos años se habla mucho de "gays y lesbianas"; sin embargo, las imágenes, tonos y posiciones, frecuentemente extremas, que se expresan sobre el tema, lejos de ayudar a la comprensión del fenómeno, generan confusión, caos e incomodidad, incluso en los aludidos. Para responder con claridad a la interrogante sobre la naturaleza del fenómeno homosexual, es necesario erradicar algunos equívocos muy difundidos.

En todas las épocas históricas y en diversos ambientes culturales tenemos información sobre relaciones sexuales entre personas del mismo sexo, sobre todo entre personas del género masculino. El ejemplo más representativo es el de las relaciones entre hombres en el mundo grecorromano. Su difusión fue tan importante, que encontró cierto eco hasta en el Nuevo Testamento, sobre todo en las cartas de Pablo (véase por ejemplo la condena de los comportamientos sexuales desviados en Rom 1, 16-32).

La homosexualidad, desde el punto de vista psicológico[1], es un trastorno que se caracteriza por la atracción erótica de un individuo hacia otros sujetos de su mismo género con los cuales puede iniciar relaciones sexuales o limitarse a simples deseos y fantasías; sin embargo, tal condición no termina en la atracción sexual, sino que en general tiene aspectos predominantemente afectivos y sentimentales, como el enamoramiento.

Los psicólogos distinguen un doble tipo de orientación homosexual. En la categoría de los trastornos psicológicos y conductuales asociados al desarrollo y orientación sexual, se habla de orientación homosexual *egodistónica* como una condición donde no se pone en duda ni la identidad de género ni la preferencia sexual; sin embargo, el sujeto desea modificarlas en cuanto a que están ligadas a trastornos psicológicos y, por lo tanto, puede someterse a una intervención psicoterapéutica. En caso de que la homosexualidad sea vivida con plena aceptación por parte del sujeto y, en consecuencia, se relacione con personas de su mismo sexo hasta entablar lazos estables de pareja, hablamos de homosexualidad *egosintónica*. En 1992, la Organización Mundial de la Salud precisó, en el ICD-10 (*International Classification of Diseases*, Masson, Mián) que la orientación sexual no debe

---

1. Las observaciones psicológicas incluidas en este texto provienen de la aportación de los psicólogos y psicoterapeutas doctor Giovanni Galletto y doctora Delia Piazzese a quienes agradecemos su colaboración. Ellos, por encima de su sólida experiencia profesional y psicoterapéutica, hacen referencia a M. Bucca-R. Rossi, *Omosessualitá*, in Aa.Vv., *Trattato Italiano di Psichiatria*, coordinado por P. Pancheri y G. B. Cassano, Masson, Milán, 1999.

considerarse una enfermedad. El DSM IV (Manual psiquiátrico de los trastornos mentales de la *American Psychiatric Association*) ya no contempla referencia patológica inherente a la homosexualidad en cuanto tal.

Desde un punto de vista más profundo, podemos hacer nuestra la distinción, presente en los documentos del Magisterio, entre homosexualidad transitoria y homosexualidad estructurada: en ambos casos las historias de vida de muchos homosexuales confirman la posibilidad egodistónica y egosintónica; sin embargo, es diverso el pronóstico de un posible cambio. Cuando el rechazo de la propia tendencia homosexual se acompaña de elementos de transitoriedad del fenómeno (aceptables para los especialistas), las posibilidades de cambio son buenas; por lo contrario, cuando se da una estructura estable en dicha orientación (que, sin embargo, no podrá aceptarse fácilmente en edad demasiado juvenil), es probable que deba llevarse al sujeto en cuestión por un camino de reconocimiento y aceptación, que en ciertos casos será difícil e inquietante, pero al final, pacificador.

La casuística es muy amplia. Hay personas homosexuales que, bajo la presión de la familia y las convenciones sociales, se han casado y hasta tenido hijos, pero no han logrado reprimir la propia tendencia homosexual, con resultados diferenciados según cada caso. También en la práctica pastoral se pueden encontrar personas casadas, de edad madura, en una profundísima crisis provocada por el resurgimiento de una homosexualidad reprimida. Hay casos de personas heterosexuales que, en circunstancias particulares, han experimentado alguna relación con personas del mismo sexo. Se trata de individuos de orientación heterosexual bien definida, para quienes la experiencia homosexual puede producir con frecuencia turbaciones y miedos, sobre todo si ocurre en la adolescencia. Por último, hay casos de relaciones homosexuales estables en las cuales el amor, el cuidado y la profunda dedicación del uno por el otro se mantienen hasta el último instante de la vida, independientemente de la complejidad de los eventos por los que la pareja atraviese.

Ejemplos de este tipo, en los cuales parece prevalecer el aspecto afectivo sobre el meramente erótico, son constatados por muchos psicoterapeutas que han atendido a dichas personas.

En definitiva, las experiencias de las que tenemos conocimiento nos llevan a concluir que, para comprender de modo correcto el comportamiento de una persona homosexual, se necesita admitir que la persona se siente atraída no sólo sexual sino sentimentalmente por personas de su mismo sexo.

Por último, la valoración de la homosexualidad con base en el paradigma relacional heterosexual, por una parte es inevitable y por otra, engañosa: nosotros conocemos el significado del término "pareja" (relación de pareja) en referencia con el dato antropológico heterosexual; por lo tanto, cuando hablamos de "pareja" refiriéndonos a la relación homosexual, utilizamos un lenguaje analógico creado a partir del heterosexual que no se adapta al caso de la homosexualidad. En otros términos, como observa el teólogo moral Giordano Muraro, "cuando se habla de amor homosexual y de amor heterosexual se necesita entender cuáles son los elementos comunes y cuáles, en cambio, los elementos que los diferencian, porque de la diversa naturaleza de estos amores dependerá la diversidad de las conclusiones. Ciertamente, tienen en común el hecho de que en ambos amores existe la atracción hacia una persona; y dicha atracción lleva a unir las propias vidas y sentir la responsabilidad por la vida y el cuidado de la persona amada. El amor homosexual termina aquí"[2]. Siempre será necesario, como algo crucial, escuchar a las personas en esta situación para comprender de qué se está hablando. La analogía está en el hecho de la relación, pero no en su forma de actuar.

2. ¿Qué origen tiene la homosexualidad?

Hasta ahora no ha sido posible encontrar una explicación integral y satisfactoria del fenómeno homosexual. Se han evidenciado diversos factores determinantes que pueden considerarse para dar una explicación "convencional" de la homosexualidad: una hipótesis genética, una hormonal, una sociogenética y una psicodinámica.

Actualmente, el aspecto más estudiado es la hipótesis bio-psico-social. Esta hipótesis intenta conjugar diversas influencias (biológicas, sociales y psicológicas), para aclarar los fundamentos de la homosexualidad. Una *vulnerabilidad biológica* convertiría a los sujetos potencialmente homo-sexuales en individuos particularmente propensos a sufrir las influencias de la educación de los padres, e intervendría en la relación entre conflictos intrapsíquicos y realidad ambiental, favoreciendo la orientación del niño hacia las personas del propio sexo. Sin embargo, las *características de personalidad* también formarían parte de las relaciones que el niño tiene con los coetáneos y los adultos.

También es necesario recordar otro tipo de explicación sobre el origen de la homosexualidad, su *origen social*: en el

---

2. G.Muraro, *Non c'é matrimonio gay*, en *Famiglia Cristiana*, no. 39 (2004), p.140.

mundo católico y religioso en general se acusa a la sociedad de haberse vuelto demasiado libre y permisiva, se apunta hacia los grupos activistas homosexuales, el movimiento de liberación sexual y el feminismo, como responsables de un aumento de la homosexualidad. Es verdad que todos estos factores han contribuido a la confusión y al surgimiento de la llamada "cultura de género", ideología que afirma que el ser hombre o mujer no es un género por naturaleza (por voluntad de Dios), sino que está totalmente determinado por la cultura, de ahí que existirían por lo menos cinco "géneros" (masculino, femenino, homosexual, bisexual y transexual): el individuo no deberá comprenderse a partir de su propia estructura biológica sino de su propia identidad psicosocial. La ideología de género es la base de una mentalidad común, calificada de "progresista", que conlleva una serie de conse-cuencias identificables:

1. La nueva sensibilidad respecto a la homosexualidad y a las tentativas de reconocimiento jurídico del "matri-monio" homosexual;

2. las campañas a favor de la legalización y el reconoci-miento civil de las uniones diferentes a las de la familia fundada sobre el matrimonio;

3. el modo difundido de vivir la sexualidad fuera de las normas impuestas por éticas restrictivas, en particular de la moral sexual que enseña la Iglesia católica;

4. en el debate político, las propuestas de ley que buscan el reconocimiento de una "identidad de género" distinta de la identidad sexual;

5. las críticas en el campo eclesial acerca del papel que la Iglesia católica confiere a la mujer en la formulación de una "teología feminista", incluso como un nuevo modo

de hacer teología y un proyecto de "des-patriarcaliza-ción" del cristianismo.

Enumeradas las varias hipótesis sobre el origen, obser-vamos que la condición homosexual no puede considerarse siempre como un estado permanente de orientación sexual. Ésta puede manifestarse en un cierto periodo de la existencia y después desaparecer; en otras situaciones puede perdurar por toda la vida, y en otras incluso prevalecer por sobre la heterosexualidad. Algunos hablan de homosexualidad *primaria* y homosexualidad *secundaria*: en la primera, el sujeto muestra en todo momento la ausencia de excitación y/o de experiencias sexuales relacionadas con individuos del sexo opuesto. En la segunda, el interés heterosexual ha estado presente y después en un segundo momento, desaparece. La homosexualidad puede expresarse ya sea mediante actos sexuales durante la infancia y la adolescencia.

La clásica *hipótesis psicodinámica* considera dentro del desarrollo de la homosexualidad el papel de los padres: la presencia de una madre sumamente involucrada en el vínculo filial y sobreprotectora o también autoritaria; un padre bas-tante ausente o lejano, poco interesado en las relaciones con el hijo. Se trata de prerrequisitos significativos que pueden explicar la fatiga del niño a volverse autónomo de la figura materna (con la cual puede identificarse defensivamente) ante la ausencia de una identificación con la figura paterna[3]. En el caso de la homosexualidad femenina, al contrario, sería en cambio la figura materna la hostil y dominante hacia la

---

3. El padre no sería un modelo estable de identificación, o habría desarrollado en el hijo una "angustia de castración", angustia que no ha sido dominada a través de la superación del complejo edípico y la identificación con el agresor, sino sólo frenada por la hostilidad paterna que se actualiza después de la maduración sexual: sólo una relación con una persona del mismo sexo no permite la reactivación de la angustia en cuestión.

hija, por lo cual el déficit de identificación tiene que ver con la madre.

Esta teoría psicológica de tipo evolutivo por sí sola no parece explicar y resolver todos los casos de homosexualidad; sin embargo, la experiencia profesional de muchos psico-terapeutas muestra que si la intervención psicoterapéutica se efectúa dentro de los límites de la adolescencia tardía, puede ser eficaz para reelaborar positivamente las dinámicas relacionales descritas por la hipótesis psicodinámica. Esto no significa –desde el punto de vista de la psicología– que un homosexual, si es "atendido a tiempo", pueda ser llevado nuevamente a la heterosexualidad, puesto que la interpreta-ción psicodinámica es solamente un elemento en un cuadro de factores muy complejo y en gran parte aún desconocido. Por otro lado, quien sostiene que el homosexual no tiene posibilidad de cambiar y de orientarse hacia la heterosexuali-dad, se coloca en una posición determinista que actualmente ningún psicólogo serio aceptaría. En definitiva, con mucha sinceridad, es necesario admitir lo que hace algunos años el Cardenal Lehmann afirmó en un célebre libro-entrevista: "Es muy difícil hacerse un juicio válido sobre las causas de la homosexualidad. Desde el punto de vista científico es imposible [...]. Con frecuencia he experimentado que cuando se habla de estas cosas, es necesario considerar la situación"[4]. También el *Catecismo de la Iglesia Católica* le hace eco en el n. 2357.

Desde el punto de vista pastoral es apremiante subrayar, para no acrecentar así posteriormente los sufrimientos de los homosexuales y sus familias, que en cuanto orienta-ción sexual, la homosexualidad *no es una elección*, sino

---

4. K. Lehmann, *E tempo di pensare a Dio*, Queriniana, Brescia 2001, p. 51.

una condición cuyo origen no reside en comportamientos conscientes y voluntarios. No se le puede imputar como culpa a la persona homosexual su propia orientación, sus propias inclinaciones, cuando ésta no ha intervenido en modo alguno en la voluntad del sujeto. En tal sentido es orientador aquello que el *Catecismo de la Iglesia Católica* afirma explícitamente: "Un *número significativo* de hombres y de mujeres presenta *tendencias homosexuales innatas. No eligen su condición homosexual*; ésta constituye para la mayoría de ellos una auténtica *prueba*. Po tanto, deben ser acogidos con·*respeto, compasión y delicadeza*. Se evitará, respecto a ellos, todo signo de discriminación injusta"[5].

Se necesitará ser prudentes en la ayuda a estas personas y en la propuesta de una intervención para "curar" la homosexualidad mediante métodos psicológicos o místicorreligiosos. Los psicólogos profesionales, serios y sin orientación ideológica saben diferenciar los casos y guían oportunamente tomando en cuenta la historia y los elementos personales del individuo. En el caso de una homosexualidad primaria, una cosa es reprimirse a sí mismos a través, por ejemplo, de una terapia conductual, y otra muy diferente es aceptarse y reconocerse para después orientarse a sí mismos al autocontrol, a la virtud de la continencia o al control de los propios impulsos.

3. Glosario

En la actualidad, está firmemente establecido el uso de términos, predominantemente en inglés, para indicar las diversas tipologías de la condición homosexual. Consideramos que es útil reportar alguna aclaración al respecto.

---

5. *Catecismo de la Iglesia Católica*, n. 2358 (cursivas nuestras).

- **GLBT** (Gay, Lesbiana, Bisexual y Transexual): Se trata de la sigla bajo la cual se reconocen, sobre todo en el ámbito político y de reivindicaciones sociales, los homosexuales, las lesbianas, los bisexuales y los transexuales. Se habla de "movimiento GLBT", "cultura GLBT"...

- **Gay:** Es el equivalente en inglés de "homosexual" y se refiere exclusivamente a los hombres que, aun con una plena identidad masculina y sin desear en algún modo cambiar su sexo, sienten amor o atracción sexual hacia otros hombres. Aunque algunos consideran impropio utilizar el término "homosexual" para referirse a los gays y a las lesbianas, nosotros utilizaremos preferentemente este término para tomar distancia de cierta ideología, precisamente "gay", que expresan ciertos grupos activistas estadounidenses en el ámbito económico y político.

- **Lesbiana:** Se trata de una mujer que sintiéndose femenina y sin querer cambiar su sexo biológico, siente amor o atracción sexual por otra mujer. Las dinámicas afectivas y de socialización de las lesbianas son muy diferentes a las de los gays, y los dos fenómenos deben considerarse por separado para no incurrir en paralelismos indebidos y engañosos. Con frecuencia, la identidad sexual lesbiana se asocia a posiciones feministas, algunas veces muy radicales.

- **Bisexual:** Se trata de una persona que siente amor o atracción erótica por el propio sexo y por el sexo opuesto, ya sea en modo alternado o simultáneo. Es posible, por ejemplo, que una mujer bisexual tenga novio y posteriormente novia o que al mismo tiempo esté enamorada de un hombre y de una mujer. Con frecuencia, los gays y las lesbianas que no han aceptado plenamente su propia identidad se definen "bisexuales" para indicar que han tenido experiencias sexuales con ambos sexos.

• **Transexual:** Se trata de una persona que está afectada por un trastorno denominado "distrofia de género" que consiste en tener una identidad personal y sexual de un género distinto al propio sexo biológico. En palabras simples, se trata de mujeres que psicológicamente se sienten hombres o de hombres que se sienten mujeres. No se trata de personas homosexuales, pues la atracción que sienten por personas del mismo sexo biológico depende de que su identidad psicosexual pertenece al sexo opuesto respecto al biológico.

4. Observación

El término *pedófilo* exige una definición aparte: se trata de un individuo (con mayor frecuencia de sexo masculino) que siente una atracción morbosa, con frecuencia incontrolable, por los niños, ya sea de ambos sexos o de un sexo en específico. Prescindiendo del hecho de que sea casado o no, o de que tenga relaciones sexuales con personas del propio sexo, la atracción que siente el pedófilo va dirigida al niño como figura "asexual" o sexualmente no definida. Obviamente se debe tener cuidado en no confundir o asociar la pedofilia con la homosexualidad, error que sin embargo todavía es frecuente.

Capítulo III

El descubrimiento de la homosexualidad

En esta sección presentamos la información recopilada a partir de testimonios directos; aunque no es integral respecto a la diversidad de vivencias humanas, sí puede esbozar ciertos contextos típicos en los que muchas personas se han reconocido homosexuales. Las preguntas espontáneas que nos ayudan a enfocarnos en el tema son: (1) ¿Por qué, cómo y cuándo descubren que son homosexuales? (2) Después de eso, ¿qué sucedió?

Respecto al "cómo" cabe una deducción: no se da un modo único de descubrimiento en las experiencias narradas. Lo único que sabemos es que las confusiones, las crisis –con frecuencia profundas y marcadas por el sufrimiento y la soledad– oscilan entre la manifestación evidente de un apasionamiento afectivo y el inicio del deseo sexual. Estos son los dos polos que se presentan y que señalan tensión respecto a las relaciones entre los individuos del propio sexo. Sin embargo, ¿aparece primero el impulso afectivo o el erótico? ¿Las confusiones se viven siempre como dramas existenciales o pueden tener características o desenlaces diferentes? Las posibles respuestas dependen del predominio de muchos factores inherentes a la persona: más allá de los aspectos temperamentales e intrapsíquicos, la edad y el sexo, la condición social y cultural, las condiciones geoambientales (entorno urbano, metropolitano...), y otros elementos diversos como la pertenencia o no a la comunidad, grupos, asociaciones, etcétera.

La tendencia actual es que los jóvenes desarrollan a más temprana edad –respecto a las generaciones precedentes– las cuestiones vinculadas a la identidad y a la orientación sexual. En este momento identidad sexual y orientación sexual no se consideran el mismo problema. Los adolescentes y los jóvenes se ven influidos por una variedad de informaciones y mensajes con contenidos implícita o explícitamente sexuales que los inducen a expresar –casi de inmediato– su propia ubicación dentro de las clasificaciones primarias: hombre hetero/gay, mujer hetero/lesbiana. Dicho esto, debe puntualizarse que hay adolescentes que toman conciencia de su propia homosexualidad y la comunican a familiares y amigos, y por otra parte existen adolescentes y jóvenes que viven el problema de la propia identidad sexual de manera problemática, con una serie de difíciles cuestionamientos: "¿En realidad soy así?, ¿por qué? ¿Lo platicaré?, ¿a quién? ¿Qué pasará? ¿Podré tener una familia?".

Se acompañará al adolescente en la comprensión de sus sí y sus no (en cuanto al compromiso afectivo y la atracción erótica) mediante una intervención que proponga valores auténticos, sobre todo a través de ejemplos de vida, para que ponga en juego sus recursos interiores y personales de inteligencia, responsabilidad, y la capacidad humana de autotrascendencia para que logre un crecimiento lo más sereno y armónico posible. El verdadero acompañamiento educativo siempre implicará que la persona pueda reconocerse en las decisiones que toma, porque no podrá prescindir de la referencia a su libertad interior.

Sin embargo, el descubrimiento de la homosexualidad no es un hecho que ocurra sólo en la juventud. Un tipo específico de personas que pueden verse en grupos de homosexuales creyentes (y también en la práctica pastoral) son adultos casados (tal vez con hijos) que descubrieron que tenían inclinaciones homosexuales. Cuando un adulto se niega a sí mismo su homosexualidad y la disimula, las consecuencias posibles son: doble vida, crisis depresivas y neuróticas y la afectación grave de la relación conyugal y la unidad familiar. Para muchas personas, la homosexualidad puede estar "latente" (no se reconoce y aparentemente no le provoca incomodidad al sujeto), para después pasar a una etapa más manifiesta con consecuencias evidentes respecto al comportamiento y emotividad del individuo.

Es difícil juzgar las circunstancias de quien elige una vida matrimonial no obstante estando consciente de su identidad homosexual; por ello, es más útil interrogarse acerca de las motivaciones que inducen a una persona a ocultar y combatir dicha inclinación. ¿Por qué entablar una dura lucha interior? ¿Quizá la percibe como negativa y por lo tanto como fuente de infelicidad o perdición? Muchas personas, incluyendo homosexuales y lesbianas, creen que la vida de un homosexual está llena de excesos, carece de valores, y es incapaz de entablar relaciones afectivas y solidarias; una vida hecha de "ausencias" marcada por el signo de menos y además sujeta a la aún muy difundida condena social. El resultado de esta percepción es una vida disminuida y frecuentemente confinada a una suerte de limbo interior. A partir de la relectura de estas historias de personas adultas, de su complejidad por las relaciones que involucran a "terceros" (cónyuges, hijos, etcétera), subrayamos la importancia de un acompañamiento prudente, seguramente difícil pero esencial para la orientación de las elecciones de vida. La pregunta difícil, para un sacerdote o un guía espiritual, es cómo acompañar y cómo orientar a estas personas.

Una vez establecidas algunas verdades, la respuesta debe ser modulada dentro de lo concreto y del realismo de las capacidades precisas de la persona que tenemos frente a nosotros y que nos pide ayuda. Ante situaciones definidas o en posible riesgo no sólo existe el principio del "mal menor", sino también el del bien posible[6]. El principio del mal menor lleva a la tolerancia de lo que es menos destructivo; mientras que el principio del bien posible sugiere decisiones y comportamientos adecuados. Desde el punto de vista del individuo sometido a molestia y sufrimiento, es importante reconocer el problema, es decir, mantenerlo a un nivel de conciencia, de modo que puedan encontrarse recursos psíquicos que sugieran el camino a tomar. En cuanto a los posibles resultados, la gama de posibilidades es variada y multiforme. Así, puede pensarse en un *continuum* entre los dos extremos:

La persona consciente, adulta y madura, que asume su propia homosexualidad y desarrolla un estilo de vida acorde y adecuado a las propias exigencias afectivas y relacionales.

La persona consciente, adulta y madura que a través de una decisión de sublimación y castidad asume su propia inclinación homosexual. Es evidente que la realidad presenta una mayor diversidad de situaciones, como la misma conciencia del individuo.

---

6. Estas distinciones las debemos al prof. Mario Rossino, teólogo moral y docente de la Facultad Teológica de Turín.

Capítulo IV

La fe de las personas homosexuales

1. Un conflicto manifiesto

Ser homosexual y cristiano es algo difícil y extenuante, sobre todo en este momento histórico. La identidad homosexual, como ya hemos visto, es una condición no elegida, difícil de aceptar plenamente, sobre todo desde una óptica cristiana. Por otra parte, la fuerza del mensaje de Cristo es tan grande que muchas personas homosexuales, aun a costa de superar diferencias e incomprensiones, quedan cautivadas y encuentran en él una profunda razón de vida y esperanza.

Con frecuencia, el primer impacto de la persona homosexual respecto a la fe y a la Iglesia es el sentirse rechazada. La imagen que los medios de comunicación masiva transmiten acerca de las enseñanzas del Magisterio respecto a la sexualidad y el entorno eclesial, en el cual raramente se está preparado para afrontar este complejo tema, hacen que la persona homosexual considere que no tiene cabida en la Iglesia, a menos que se niegue como tal. Esta persona creyente se siente marginada, por una parte (con razón o sin ella según el caso), de la propia comunidad eclesial y, por otra, del mundo gay anticlerical que está ideológicamente *a priori* contra una

Iglesia considerada simplemente retrógrada y mojigata. En ambos contextos, el homosexual creyente puede correr el riesgo de sentirse "diferente entre los diferentes".

La dificultad de estas personas para vivir en la comunidad eclesial también se agudiza por una pastoral que no está preparada o que se ve tomada por sorpresa ante la presencia de un homosexual en los grupos juveniles, en las asociaciones o en los movimientos. Estas personas, además, caen en la cuenta de que no podrán construir una familia tradicional, valorada en los ambientes eclesiales; por esta razón se sienten minoría y excluidos, incapaces de vivir una vida plena y satisfactoria, desde el punto de vista humano o cristiano.

Por estas razones, muchas personas abandonan la Iglesia, aun antes de haber buscado en ella, a través de la ayuda de algún sacerdote o guía espiritual, una confrontación serena sobre su propia condición y necesidad religiosa. Esto sucede, sobre todo, entre jóvenes que abandonan la Iglesia mucho antes de haber logrado una fe madura sin aunar la imagen, aún inmadura, que tienen de la fe y de la Iglesia con su propia condición homosexual; en contraste con los homosexuales creyentes que hoy están sobre los cuarenta años para quienes fue necesario compaginar una experiencia de fe ya consolidada con la conciencia de la propia inclinación. En todo caso, no es justo resignarse a la pérdida de hermanos en Cristo que renuncian a una vida cristiana por una percepción superficial e imprecisa de la Iglesia.

2. Un camino de reconciliación

Cuando una persona homosexual se acerca a un sacerdote para exponerle sus problemas, con frecuencia no tiene pleno conocimiento de lo que está buscando. Las dinámicas a través de las cuales un homosexual logra tener conciencia de su propia identidad sexual, los contrastes con el propio entorno (familia, escuela, trabajo, amistades), la falta de información... son algunas veces tan graves y dolorosas que el presbítero se encuentra ante una persona extremadamente confusa y lastimada. Lo primero que debe hacerse es transmitir con fuerza, paciencia y tenacidad la imagen del Dios de Jesucristo. Para un homosexual, que con frecuencia se siente rechazado, es esencial comprender que Dios lo ama, independientemente de lo que es, de aquello que hace, de sus límites, de sus dificultades. La condición misma de homosexual, produce una serie de contrastes interiores y sentimientos de culpa que fácilmente pueden deformar la imagen de Dios, sobre todo si se le asocia la idea de un juicio inflexible que se da al contraponer erróneamente las normas morales al mandamiento del amor.

También es necesario considerar que la percepción que un homosexual tiene de los pronunciamientos del Magisterio –sobre todo en la versión parcial y distorsionada que dan los medios de comunicación masiva– constituye un obstáculo notable para alcanzar la serenidad, al grado de concluir que para él o ella no hay lugar en la Iglesia. La comprensión de la posición innegable del Magisterio al respecto es seguramente un paso fundamental para ayudar a la persona homosexual a reconciliarse con éste. Sin embargo, también es necesario tener presente que cierto lenguaje puede percibirse como ofensivo y denigrante.

Presentamos algunas observaciones que hemos recogido en nuestra "mesa" de trabajo:

El énfasis puesto sobre los "actos homosexuales" que menciona la persona y sus relaciones afectivas, puede contribuir a una visión que reduce la condición homosexual limitada sólo a la esfera genital.

Considerar los actos homosexuales como expresión de una enfermedad e "intrínsecamente desordenados", aunque se dice que su conciencia debe ser juzgada con prudencia, se percibe en el caso de dicha situación (que con frecuencia, si es joven, debe ser ayudada a manejar sus propios impulsos) como una total condena sin apelación.

Considerar las uniones homosexuales un "mal" y "nocivas para el correcto desarrollo de la sociedad humana" se percibe como la prohibición para el homosexual de entablar relaciones de amistad auténticas basadas en la entrega de sí mismo y reciprocidad responsable[7].

Las personas homosexuales sienten que deben negar una parte de sí mismas, hacer a un lado aquella modalidad relacional que consideran inherente a su condición. Dejémosle a quien le corresponda, la valoración de la pertinencia de estas observaciones, y mejor tomemos nota de que es necesario educar a la persona homosexual para que sepa leerse a sí misma desde una perspectiva más amplia, incluyendo las aspiraciones de trascendencia que propone

---

7. El card. Hume dice: "El amor entre dos personas, del mismo sexo o de sexo diferente, debe apreciarse y respetarse. Amar a otro significa alcanzar a Dios que está presente con su amabilidad en aquél que amamos. Ser amado significa recibir una señal, o una parte, del amor incondicional de Dios. Amar a otro, del mismo sexo o del sexo opuesto, significa entrar en el ámbito de la más rica experiencia humana". A la luz de la tradición moral católica es necesario distinguir, respecto al amor entre dos personas de sexo diferente o del mismo sexo, entre relaciones sexuadas y relaciones sexuales. Entre las primeras, encuentran lugar las relaciones de diálogo y de amistad que tienen que ver con cada persona; entre las segundas están aquellas sexuales genitales que se dan sólo dentro del matrimonio entre un hombre y una mujer. Es necesario superar también la percepción que se tiene de amar, de simplemente quererse y ser atraídos hacia el otro(a). La verdadera entrega de sí mismo no es un modo cualquiera de darse: se debe respetar la regla de la justicia, además de que no se hace un don de sí mismo si no se domina a sí mismo, si no se es verdaderamente dueño de sí mismo.

el mismo Magisterio. Una persona homosexual que busca, a través de actitudes de intolerancia y protesta, una respuesta a su infelicidad disimulada, tal vez encuentre cierta satisfacción temporal, pero con el tiempo su infelicidad aumentará porque la solución no es válida. En efecto, es aplicable a todas las estrategias inmaduras mediante las cuales las personas buscan defenderse contra sus propios conflictos. Por así decirlo, la respuesta recibida no responde a la pregunta planteada. La persona busca la experiencia de su propio valor personal, la percepción de que su vida tiene un significado válido y una realización auténtica; sin embargo, cuando intenta lograr dicha experiencia de manera defensiva la respuesta no le es satisfactoria[8].

Se necesita, entonces, actuar con extremo equilibrio, ayudando parcialmente a estas personas en el camino hacia una fe madura desde la cual la vida en la Iglesia se perciba y viva con una perspectiva de libertad, de crecimiento y no como un inapelable juicio de condena. Para alcanzar este objetivo sabemos bien que es necesario profundizar la propia relación con Jesucristo, a través de la Palabra y todos los instrumentos espirituales que la Iglesia ofrece al cristiano para reafirmar su vida espiritual: es decir, los sacramentos, particularmente la Eucaristía y la Penitencia, la dirección espiritual, la oración asidua, la capacidad de perdonar y perdonarse, el servicio a los hermanos… En efecto, sólo cultivando una relación madura y profunda con Jesucristo, la persona homosexual –como cualquier otro cristiano– podrá superar sus propios contrastes interiores, vivir con plenitud una vida serena y sentirse totalmente parte de la comunidad cristiana.

---

8. Para este párrafo (y para la nota precedente) se utilizan las observaciones hechas por el prof. Franco Ciravegna, teólogo moral y actual director del Bienio de Especialización en Teología Moral de la Facultad Teológica de Turín.

La acción del sacerdote no estará, sin embargo, dirigida sólo a la persona homosexual, sino que también podrá ser llamado a atender las angustias de los padres o los amigos de dichas personas. Con frecuencia, la preocupación más profunda de los padres de las personas homosexuales es que la vida de sus hijos se vea atormentada y destinada a una profunda infelicidad y soledad. Lo mejor frente a estos temores es ayudar a los padres a reconocer en los propios hijos, unos hijos de Dios amados y queridos por el Señor, y explicar con delicadeza y paciencia que también las personas homosexuales están llamadas a una vida de relaciones con Dios y con los demás, plena y enriquecedora.

3. Una comunidad acogedora

La fe cristiana tiene una dimensión personal, pero no solitaria o privada, porque es una fe vivida en comunidad. Esto es todavía más importante para las personas homosexuales que viven una inevitable dimensión de aislamiento y, con frecuencia, de clandestinidad en el contexto social. Sin embargo, no se puede pensar que la comunidad sea acogedora si sus pastores no la educan, con los debidos métodos, a acoger a quien es "diferente". Antes que nada, es necesario dar la justa primacía al amor misericordioso de Dios, de modo que éste forme cada aspecto de la vida cristiana (normas morales, enseñanzas del Magisterio, prácticas religiosas), porque sólo en tal entorno puede encenderse y desarrollarse en las personas un dinamismo de crecimiento y superación de las dimensiones vinculadas simplemente a la satisfacción personal. El cristianismo es antes que nada el anuncio alegre y liberador de que el Hijo de Dios descendió para compartir nuestra condición humana y a través de su muerte y resurrección nos permite subir con él hasta el Padre. Por lo tanto, sólo el amor incondicional de Dios da sentido a la moral cristiana, da fuerza y orienta al Magisterio en su servicio a la verdad, evitando así que nuestras prácticas religiosas se conviertan en ritos paganos y vacíos.

Además, se necesita que los sacerdotes, con la debida discreción y equilibrio en su acción pastoral, sepan afrontar el argumento de la homosexualidad con prudencia y delicadeza, pero siempre con el calor humano y la sabiduría del verdadero pastor. Allí donde se intuye la presencia de personas con tal orientación, pueden ser suficientes algunas discretas referencias para provocar preguntas y aclaraciones a través de las cuales se propondrá la visión de la Iglesia sin la mediación distorsionada de los medios de comunicación. Las personas homosexuales que participan en la vida de comunidad, aun permaneciendo frecuentemente ocultas y en el silencio, se verán confortadas por una palabra equilibrada y respetuosa acerca del tema, como lo afirman los documentos magisteriales. Con igual firmeza y serenidad, el sacerdote deberá educar a la comunidad a tener un lenguaje y modales respetuosos hacia estas personas ("clandestinas" o conocidas), en la óptica de aquella recepción que Cristo reservó a todos aquellos que lo cuestionaban. Las personas homosexuales son más numerosas de lo que la percepción común pueda pensar. La discriminación y el miedo de ofensas y represalias las vuelven comprensiblemente poco propensas a declararse en contextos públicos, hecho que de por sí no siempre es necesario ni oportuno.

4. La vida eclesial

¿Cuál puede ser, a la luz de lo dicho hasta ahora, la vida eclesial de una persona homosexual? Bajo ciertos aspectos la respuesta es muy simple: la misma que la de una persona heterosexual. No obstante, no es oportuno ni aceptable (sobre todo si la declaración se presenta como amenaza), el que un homosexual que participa como catequista o animador se declare como tal, ya que la esfera de orientación sexual, como otros elementos de la personalidad, pertenece a la intimidad del sujeto humano y resultaría finalmente problemática e incompatible con la función de educador, sobre todo respecto al mundo adolescente y juvenil. En este campo, la sensibilidad pastoral y la inteligencia del presbítero son decisivas: sería injusta la exclusión injustificada y permanente de la vida eclesial, así como pretender que no pasa nada. Sin embargo, la inserción de una persona homosexual en la vida eclesial se da con el respeto y reserva que protegen a la persona en cuestión (que nunca debe ser herida), o a la comunidad en su totalidad (en particular la preocupación comprensible de los padres respecto a los animadores o catequistas declaradamente homosexuales).

De hecho, la esfera de la orientación sexual, como otros elementos de la personalidad, pertenece a la intimidad del individuo, por lo que no se está llamado a manifestar si se es heterosexual u homosexual. Esto no quiere decir, como algunos piensan, que en la Iglesia lo importante es el silencio y después "todo va bien", sino que se quiere subrayar que existe en cada sujeto una dimensión personal no pública, en la cual cada uno está llamado a superar día a día sus carencias, defectos y tentaciones, sin un "abanderamiento" alguno que no haría bien a nadie. Se trata de aquel camino de santidad que se propone a todos y que también la comunidad eclesial debe sostener de manera eficaz. Como se afirmó, la persona no es responsable de las inclinaciones que encuentra en sí misma, sino de aquello que hace ante éstas: este principio es válido para las personas homosexuales y para las heterosexuales.

Dicho esto, no puede excluirse a las personas homosexuales de la vida y de los compromisos de la comunidad cristiana. Ante todo, porque una comunidad es verdaderamente cristiana sólo cuando, en la obediencia a la universalidad del mensaje de Cristo, se abre a la participación de todos sus miembros, en la conciencia de que cada uno aporta una contribución insustituible al anuncio del Evangelio y al servicio de los hermanos. Además, para las personas homosexuales que no tienen la posibilidad de dedicar una parte de su vida a criar a sus propios hijos, resulta muy importante, para vivir plenamente la dimensión cristiana de la vida, dedicarse al servicio de los hermanos en toda forma posible.

Capítulo V

Las familias de origen de los homosexuales

1. Las reacciones de los padres y de los familiares

La familia de origen de un homosexual tiene un papel muy importante para la posible aceptación consciente y serena de la propia condición. De hecho, tal aceptación también será fruto de un proceso de madurez limitado por las relaciones dentro del propio núcleo familiar.

Es evidente que en una familia donde las relaciones son abiertas y sinceras le será más fácil a una muchacha o muchacho homosexual aceptar y hacer aceptar su propia situación. Si los padres siempre han cultivado el hábito de hablar y discutir abiertamente con los hijos las diversas dificultades de la vida y sobre todo han afrontado con ellos los problemas relativos a la madurez sexual a lo largo de las diferentes etapas del crecimiento, la homosexualidad de un hijo o de una hija no creará choques o divisiones insuperables –como sucede con frecuencia– y sobre todo, se evitarán falsedades.

Por desgracia, son poco frecuentes los casos en los cuales se presenta una situación así de feliz en una familia y, aunque hoy se tiene la impresión de que el tema de la sexualidad está más presente en la discusión cotidiana, sobre todo de los jóvenes, en la mayor parte de los casos en familia, se limita a dar mensajes superficiales, con frecuencia basados en estereotipos comunes; y esto también sucede en las familias católicas y practicantes. Si en el pasado el descubrimiento de la propia condición homosexual, y por lo tanto la aceptación de la misma, ocurría después de muchos años, en la actualidad, debido a la cultura imperante que tiende por una parte a ratificar todas las diferencias, y por la otra a exaltar lo distinto, es fácil que desde la adolescencia se manifiesten evidentes señales de homosexualidad y que la muchacha o el joven deban afrontar esta situación; por ello, es necesario acompañar a todas las familias para una correcta formación en torno a la dimensión sexual, particularmente en aquellas en las cuales exista una persona homosexual, para favorecer en ambas partes una aceptación serena y exenta de traumas de la diversidad, siempre que ésta sea acertada y definitiva.

Es innegable que para los padres, descubrir que un hijo o una hija es homosexual constituye un problema y, sobre todo, representa el colapso del sueño de la normalidad familiar: una normalidad hecha de noviazgos, matrimonios, nietos… Entender la diversidad siempre es difícil y a veces imposible; aceptarla y favorecer la aceptación para una convivencia más serena es, en cambio, posible y necesario, sobre todo en las familias y en las comunidades cristianas.

Ante la noticia de que se tiene una hija o un hijo homosexual, las reacciones son con frecuencia exageradas y dramáticas. Por un lado, se da el caso (más teórico que real) de la familia que acepta sin problemas la diversidad del hijo; por otro, se presenta el caso-límite, aquel del rechazo total que puede terminar por hacer que el individuo en cuestión abandone la casa familiar, un evento que generalmente es provocado por un clima tenso. Otro caso límite es aquel donde se finge que el problema no existe y la vida familiar sigue su curso, como si no pasara nada.

Estas dos reacciones, típicas de los padres, son dos caras de la misma moneda: un intento de solucionar el problema. Por lo general, las madres reaccionan de manera diferente, tal vez con mayor intuición y capacidad de comprensión y, en ocasiones, también logran involucrar en este tipo de reacción al esposo y a toda la familia.

La primera reacción de los padres es la incredulidad, expresada a través de un "tranquilízate, es una cosa pasajera; buscaremos un buen médico (o psicólogo), y todo se resolverá". Es evidente que detrás de esta solución está la idea de que la homosexualidad es una especie de enfermedad curable. No obstante, "la curación" no suele confiarse a un médico sino a un posible compañero del sexo opuesto: "Busca a una buena muchacha (o muchacho) y verás que todo se resuelve". Ahora, como ya hemos observado, no todos los casos se resuelven con una "buena cura"; en el caso de homosexualidad estructurada, un médico, un sexólogo o un psicólogo, preparados pueden ser el camino adecuado, pero no para un regreso a la normalidad, sino para aclarar las ideas y sobre todo para favorecer una serena aceptación. En estos casos el "compañero adecuado" de sexo opuesto puede confundir las ideas y, en vista de que los padres no abandonarán esta "solución", el candidato o la candidata a la "normalidad", desorientado, terminará por dejarse convencer generando así una situación altamente dañina para sí mismo y para la o el compañero involucrados.

Otra reacción común de los padres, sobre todo de las mamás, es preguntarse: "¿En qué nos equivocamos?". Tal pregunta carga de culpa a los padres y no sirve para comprender el problema, sino para encontrar un chivo expiatorio. Por esto, es necesario tener el debido cuidado al hablar del origen de la homosexualidad con las personas homosexuales y sobre todo con sus familias. Ante una madre y un padre que se preguntan en qué se han equivocado, el mejor comportamiento pastoral es hacer ver que no son los culpables. Además, es inapropiado afirmar que la homosexualidad es una enfermedad, no sólo porque se emite un juicio científicamente incorrecto, sino porque se insinúa que es posible evitar o curar una situación que en ciertos casos es irreversible.

2. Algunos elementos para un acompañamiento equilibrado

Desde la perspectiva del acompañamiento pastoral de la persona homosexual y su familia debe tenerse presente que ni la cultura de género (que ya mencionamos), ni la presencia –cada vez más "normal" y "natural"– de homosexuales en periódicos, revistas y espectáculos, ni el hecho de tener amigos homosexuales es suficiente para transformar a los jóvenes heterosexuales en homosexuales: el fenómeno de la homosexualidad es complejo y no se reduce a un origen exclusivamente sociocultural o históricocultural. Al igual que la autoculpabilidad del padre de un hijo homosexual es sólo fuente de ulterior sufrimiento, explicar la existencia de los homosexuales como fruto de la ideología de género sólo coloca sobre los hombros de quien vive esta condición un fardo más pesado, el de una implícita acusación de haber tomado la *decisión* equivocada.

La reacción de buscar un culpable (síndrome del "chivo expiatorio") oculta la idea inconsciente de que es posible modificar el camino y ajustar la situación. La tesis de la culpa de los padres también pretende ser una manera de disculparse por lo que será una vida infeliz; o por lo menos, esto es lo que considera la mayoría de los padres. Un hijo o una hija "anormal" ciertamente encontrará dificultades, y el autoconvencimiento de que estas dificultades no son consecuencia de los actos de los mismos padres, alivia su dolor.

No obstante, ciertas actitudes de los padres son las primeras dificultades a las que se enfrenta un homosexual, y en ocasiones son las más difíciles de superar; sobre todo cuando se culpabiliza al hijo o la hija homosexual, de que por su diversidad sexual, toda la familia será señalada y criticada. Así, el problema traspasa las fronteras de lo personal a lo social. En muchos casos los padres terminarán por aceptar la situación, pero se preocuparán de que la homosexualidad del hijo o de la hija no traspase los muros de la casa. Mejor aún, intentarán que la situación sólo la conozcan los padres o como máximo los hermanos, dejando de lado a los demás parientes, quienes seguramente atosigarán al muchacho(a) con las usuales preguntas: "¿Cuándo te casas? ¿No es hora de que sientes cabeza? Te voy a presentar a una muchacha excelente…". Por desgracia se considera más importante la imagen social que la situación real del hijo o de la hija, y está claro que este modo de actuar contribuirá a crear una idea negativa de sí mismos, perjudicando su propia aceptación y madurez.

Hasta ahora hemos mencionado sólo a los padres; el trato en relación con los hermanos y las hermanas de los homosexuales merece su propio apartado. Aunque la situación sea muy variada, debe recordarse que habitualmente entre

41

hermanos y hermanas nace cierta complicidad que puede favorecer la confianza y libertad de expresión. Son frecuentes los casos en los cuales el muchacho o la muchacha homosexual habla de su situación con sus hermanos y encuentra en ellos comprensión y ayuda. Para el joven homosexual en fase de búsqueda y de aceptación es fundamental tener a su lado a alguien que sepa de su situación, que esté dispuesto a escucharlo y, sobre todo, que evite emitir juicios, la mayoría de las veces negativos. De ahí la importancia de que también los educadores colaboren para que aquellos que conviven con el muchacho o la muchacha homosexual comprendan los términos del problema. Sin embargo, no siempre es sencillo; a veces, entre hermanos, sobre todo en familias numerosas, existe cierta rivalidad, con frecuencia inconscientemente favorecida por los padres. Pensemos, por ejemplo, en el caso de los estudios. Quizás un muchacho o una muchacha homosexual tendrá dificultades para comprender tal o cual tema en la escuela, precisamente porque está en una fase de definición de la propia condición sexual, mientras los otros hermanos y hermanas no tendrán estos problemas, y es fácil imaginar que los padres los pondrán como ejemplo de comportamiento y empeño, creando una situación todavía más difícil y penosa.

Por otro lado, tenemos el caso del muchacho o la muchacha homosexual que se pregunta si debe o no decírselo a la familia; por supuesto que no es posible dar sugerencias unívocas y precisas. Tocará al muchacho o a la muchacha homosexual decidir si es oportuno comunicar a la familia la propia homosexualidad, además del cómo y el cuándo decirlo. Para una persona homosexual es fundamental ser aceptada por lo que es, especialmente por las personas que más quiere: su familia de origen. Sin embargo, ciertas situaciones familiares incómodas pueden degenerarse precisamente a causa de la declaración de la propia homosexualidad; de tal manera que en ciertos casos, sobre todo si el muchacho o la muchacha dependen todavía de la familia, será preferible actuar con cautela y evitar una declaración prematura.

Como ya se ha dicho, con frecuencia los padres conocen la situación y prefieren fingir que no pasa nada. Ciertamente, no es la mejor opción, pero al valorar los pros y los contras, el silencio es la mejor alternativa; sobre todo cuando el hijo (o la hija) homosexual convive con uno solo de los padres, tal vez ya entrado en años. He aquí, una vez más, la importancia del papel de los educadores o guías y sobre todo de las personas que ya saben de la homosexualidad de la persona. Estas personas deberán aconsejar qué hacer, contenerse o seguir adelante, tratando de ayudar a entender cuál es el momento justo para decirlo y cómo hacerlo. Estas personas también son muy importantes cuando (para bien o para mal, según sea el caso) dan a entender la situación, ya sea con cartas o recaditos olvidados a la vista, folletos de manifestaciones gay dejados en las bolsas de la ropa, las visitas frecuentes de ciertos amigos o amigas...

Son muchas las formas con las cuales algunos padres, tal vez ya con la duda, pueden llegar a conocer la homosexualidad de su hijo(a). Si los padres deciden afrontar la situación, el impacto será duro y doloroso y creará situaciones de profundo malestar. En ocasiones, el muchacho o la muchacha homosexual, sobre todo si depende de los padres, si tiene un carácter tranquilo y reflexivo, o si todavía está en una fase de definición, tenderá a rehusar y disimular su situación para evitar tristezas y preocupación a sus padres.

Capítulo VI

Homosexualidad y matrimonio

También debe hacerse referencia a una situación muy velada, pero frecuente: anteriormente, muchos homosexuales, debido a la incertidumbre planteada por su condición y la imposibilidad de entablar un diálogo y ayuda constructiva, terminaban por elegir el camino del matrimonio, aconsejados en su mayoría por sacerdotes poco expertos en la materia pero que adoptaban la solución que daban muchos padres: "encuentra una buena muchacha (o un buen muchacho) y todo pasará". Es evidente que, si se habla de homosexualidad secundaria o transitoria, es decir, cuando por diversos motivos un muchacho o una muchacha habían tenido relaciones sexuales con personas del mismo sexo pero no eran homosexuales, el consejo antes mencionado, si va acompañado de un atento y riguroso examen de la situación, podría ser comprensible. Sin embargo, con frecuencia, las personas con una verdadera y permanente homosexualidad escuchan un consejo similar, por lo que no pocos homosexuales (estructurales) se han comprometido, casado e incluso han llegado a la paternidad.

Ahora bien, si creemos que no debe ponerse en duda el vínculo afectivo que une a estas parejas, es necesario correr el velo que constantemente cubre estas uniones y profundizar un poco más. Olvidemos por ahora los casos poco frecuentes de "matrimonios encubiertos" en los cuales los dos cónyuges conocen perfectamente la situación y la aceptan; y es más, se casan precisamente para enmascarar frente a los demás su propia condición homosexual. Consideremos el caso donde un homosexual decide de buena fe dar el gran paso del matrimonio. Regularmente, después de un primer periodo bastante sereno y tranquilo, aparecen las dificultades. En ciertos casos la tendencia homosexual se podrá controlar con facilidad; en otros, habrá aventuras escondidas, más o menos frecuentes, que con el pasar de los años tenderán a aumentar, sobre todo con el perfeccionamiento de las técnicas de simulación, provocando una alternancia entre sentimientos de culpa hacia la familia "traicionada" y el deseo de aventura. Es difícil creer que en estos casos el cónyuge no se dé cuenta de ciertos comportamientos; no obstante, si hay hijos –sobre todo pequeños– probablemente hará como si no pasara nada. Conforme transcurre el tiempo, se puede llegar a la ruptura y a la separación, o peor aun, que por motivos sociales, se aparente una buena situación familiar, que por desgracia no excluirá pleitos, sentimientos de culpa, acusaciones recíprocas, etcétera.

Será necesario, entonces, ayudar a la persona a controlar las tendencias homosexuales no sólo en función de los problemas familiares y de la situación social (los parientes, la familia, el trabajo), sino enfatizando el verdadero amor decidido entre los cónyuges, ayudando a reforzarlo y renovarlo para afrontar juntos las diversas dificultades. Mientras los hijos son pequeños y su sustento es un objetivo fundamental de la vida en pareja, la tendencia homosexual es más controlable, pero cuando los hijos han salido adelante, cuando por diversos motivos la vida en pareja no se ve renovada con la vitalidad necesaria, la vida cotidiana de la pareja se torna pesada y carente de satisfacciones, incluso sexuales, y la tendencia homosexual tiende a presentarse de nuevo.

Entonces, debe tenerse el valor de platicarlo y tratar de resolverlo para no sumergirse en una situación infernal para todos. Lamentablemente, son frecuentes los casos en los que el cónyuge homosexual no tiene el valor o la fuerza de reconocer su condición: por una parte niega su situación homosexual, pero por la otra no resiste los embates de la sexualidad, y en esta ambigüedad se esconde, cuando en realidad tendría que hablarlo y comprenderlo mejor. También en este caso, es fundamental la participación de los amigos y conocidos y, en los casos de personas creyentes, la del sacerdote quien a veces, a través de la confesión, es el único que conoce las circunstancias a través de la confesión.

No existen soluciones concretas para todos los casos. Cada persona homosexual es un mundo independiente con problemas y situaciones diversos que deben afrontarse uno a uno con preparación, pero sobre todo con caridad cristiana.

Capítulo VII

Señalamientos pastorales para el acompañamiento

1. Un camino de salvación y santidad

De acuerdo con los documentos del Magisterio y, en particular, el *Catecismo de la Iglesia Católica* (n. 2357-2359), podemos afirmar que para las personas con orientación homosexual existe un llamado personal a permanecer en comunión con Dios en Jesucristo y, por ende, en un camino de santidad, al igual que para cualquier otro creyente en Cristo. La Iglesia tiene como supremo objetivo de toda su acción pastoral la *salus animarum*, la salvación de las personas, por las cuales Cristo murió y resucitó. El señalamiento del Magisterio es muy clara: "Esta Congregación anima a los Obispos a promover, en sus diócesis, una pastoral hacia las personas homosexuales en pleno acuerdo con la enseñanza de la Iglesia [...]. Un programa pastoral auténtico ayudará a las personas homosexuales en todos los niveles de su vida espiritual, mediante los sacramentos, en particular a través de una frecuente y sincera confesión sacramental, a través de la oración, el testimonio, el consejo y la ayuda individual"[9].

---

9. Congregación para la Doctrina de la Fe, *La cura pastorale delle persone omosessuali*, 1986, n. 15.

Y: "Los Obispos se preocuparán por sostener con los medios a su disposición el desarrollo de formas especializadas (colaboración de la psicología, sociología y medicina) de atención pastoral para personas homosexuales"[10] y también de formas de ayuda a las familias de las personas homosexuales.

La salvación de las personas es el objetivo último que justifica toda la acción pastoral; no excluye por principio a ningún sujeto, aunque esté lejos de los comportamientos típicos del creyente practicante. Jesús, de hecho, se acercaba a todas las personas, trataba a todos en modo cordial, incluidos los pecadores y los publicanos, y para ellos el solo encuentro con él era terapéutico y conducía a una verdadera y propia conversión interior (pensemos en Zaqueo, en Leví-Mateo, el paralítico, el ciego Bartimeo). Tratar entonces a la persona homosexual como a cualquier otra persona, con sus riquezas y sus problemas, sin estigmatizar la orientación de la sexualidad, resta dramatismo al problema y favorece una mirada positiva sobre la vida y el servicio a los demás: cada uno de nosotros, independientemente de su orientación sexual, tiene mucho que dar a los hermanos y tiene ciertamente dones únicos que el Espíritu del Señor ha puesto en él.

2. Acoger, escuchar y comprender

En su acción de acercamiento a las personas y a las situaciones humanas, la Iglesia y su personal (sacerdotes, en primera instancia, y agentes pastorales, en segunda) están invitados a seguir el estilo de su Señor como, por ejemplo, el que se narra en el Evangelio de Lucas, capítulo 24, cuando Jesús

10. Ibíd, n. 16.

resucitado encuentra y acompaña a los dos discípulos de Emaús mientras se alejan de Jerusalén el "octavo día", llenos de desilusión y amargura. Se trata, entonces, de *acoger, escuchar, comprender* aquello que agita el corazón del hombre contemporáneo en las diferentes situaciones y condiciones en las que se encuentra. Acoger, escuchar, comprender, no son sinónimos de aceptar todo en modo acrítico y condescendiente, más bien crean un clima relacional donde la persona no se siente inmediatamente juzgada ni condenada, sino que percibe una atmósfera tranquila y serena donde hace emerger sus propias angustias, dificultades, desilusiones, miedos, soledades, incluso la vergüenza y sentimiento de culpa por el sólo hecho de ser diferente.

Este tipo de comportamiento también debe ser acogido en las comunidades cristianas, en las cuales un clima de respeto y escucha permitirá discutir con libertad temas como la homosexualidad cuando las situaciones así lo requieran. Se puede afrontar el tema de la homosexualidad con serenidad y sobriedad, como testimonia el n. 2357 del *Catecismo de la Iglesia Católica*, al evitar considerarlo un tabú, una cosa de la cual "no está bien hablar". No se cuestiona la doctrina católica como tal, sino el modo de exponerla, sobre todo con las personas que se encuentran en esta situación, quienes frecuentemente ya están cargadas de prejuicios hacia la Iglesia, por considerarla portadora de una *praxis* demasiado severa.

De igual manera, es verdad que la persona homosexual que sufre puede disimular su propia vulnerabilidad tras una fachada de agresión o arrogancia; por lo tanto, se necesita reconocer su vulnerabilidad y responder a ésta, no con una posible agresión. Quien pide ayuda o consejo por un problema de homosexualidad debe ser visto como una persona, y como una persona que sufre, no como un problema despersonalizado.

Además, cuando una persona manifiesta tener un problema de homosexualidad, es necesario reconocer en ello su buena voluntad, aun si no practica la castidad (tal persona puede ser débil como todas las demás personas). La idea de la " ley de la progresión" parece aplicable por analogía a los problemas de personas homosexuales. Sin presuponer que estas personas están privadas de la libertad fundamental en la esfera sexual (*Carta a los Obispos*, 1986, n.11) también es necesario prever que para algunas de ellas –a causa de la cualidad compulsiva que puede acompañar una tendencia homosexual– el camino de libertad presentará dificultades notables. La ley de la progresión implica que, cuando existe una debilidad real y no fingida ante una norma moral, la persona se compromete sinceramente "a poner las condiciones necesarias para observar tal norma" (*Familiaris Consortio*, n. 34). Es importante que mantenga el esfuerzo por superarse.

3. Sanar el sentimiento de culpa y vergüenza y dar valor a la integridad de la persona

En tercer lugar, es importante dedicar atención especial al sentimiento de culpa, insuficiencia y vergüenza, que con frecuencia embarga a estas personas. No se trata de sentimientos útiles para el propio crecimiento, sino más bien de amenazas para el desarrollo psicológico y afectivo de la persona. Muchas personas homosexuales que han hablado de sí mismos en grupos de homosexuales creyentes, cuentan historias marcadas por la dificultad de conciliar su fe con su condición homosexual, no tanto por dificultades relativas al autocontrol, sino por el estereotipo denigrante y el prejuicio difundido que estigmatiza hondamente a estas creaturas. Por fortuna, también se han dado bellas experiencias de personas homosexuales que no se han alejado de la fe y que han realizado un recorrido positivo de crecimiento y aceptación, gracias al acompañamiento de sacerdotes atentos y respetuosos que no han ejercido forma alguna de prejuicio o condena.

Para ello, es importante que el sacerdote o el guía espiritual cultiven y promuevan en estas personas una imagen positiva de sí mismas, de acuerdo con un reconocimiento objetivo de aquello que uno es en cuanto ser humano: imagen de Dios, un ser llamado por el Señor a un proyecto de vida y felicidad. La búsqueda de las cualidades objetivas de la persona, junto al humilde reconocimiento de las propias debilidades o errores, impide cualquier tipo de involución narcisista con la cual podría defenderse y justificarse frente a los prejuicios y estigmatizaciones sociales. Es el camino del crecimiento para alcanzar la madurez que no tiene el poder de prohibir el error pero puede sugerir la conciencia de sí mismo y la justa autoestima que es profunda adhesión y respeto al propio valor de persona, independientemente de ciertos factores, como pueden ser la orientación sexual.

Este proceso educativo y autoformativo lleva a un sano sentimiento de gratitud por el valor de la vida que se entrega; a un fundamental optimismo realista acerca del propio camino humano y cristiano, y al mismo tiempo, a la aceptación del inevitable sufrimiento y "cruz" que conlleva toda existencia cristiana.

Para lograr este propósito es útil educar a la persona homosexual en el conocimiento de sí misma desde una perspectiva más amplia que la sola dimensión sexual, que incluya las aspiraciones de trascendencia que propone el Magisterio. Las personas homosexuales deben ser ayudadas a comprender el problema en su justo contexto, o sea la visión cristiana de la vida humana. En dicho marco, la gratificación sexual no es indispensable para la realización de la vida y no es la única fuente de esperanza humana, a pesar de que así sea presentada por la cultura en la cual vivimos. Entonces, se puede ayudar a la persona a desplazar el "baricentro" de su propia vida, enfatizando primordialmente la esperanza cristiana, la vida de oración, la *praxis* sacramental y otras obras de bien; a no centrarse tanto en el problema de la homosexualidad, sino alejarse de sus problemas; construir hábitos positivos de valor, de honestidad consigo mismo, de una sana autodisciplina y de la capacidad de querer a los demás; y abandonar los hábitos negativos, como la necesidad infantil de atención, amor y la permisividad consigo misma de costumbres sexuales viciosas.

4. El respeto debido y la lucha contra la discriminación y el prejuicio

Un cuarto señalamiento pastoral, consecuente con los anteriores, es enseñar el respeto fundamental que se debe a todos y a cada persona. Aunque esto pueda darse por descontado en el contexto social, cultural y político actual, donde se habla de "igualdad de oportunidades" y superación de toda forma de "discriminación"; en realidad, tal llamado al respeto tiene una razón de ser en el fenómeno que algunos llaman "homofobia interiorizada". Se trata de un miedo angustioso y ancestral a la homosexualidad, que las mismas personas involucradas en esta situación tienen, entendido como un miedo provocado por la diferencia amenazadora e inaceptable. Este miedo, transmitido en el contexto educativo, familiar y social, puede enraizarse con tal profudidad en el ánimo, que mina gravemente el florecimiento de una existencia humana digna de expresarse en cuanto tal. La pregunta que expresa este temor podría formularse así: "¿Tengo yo, persona con orientación homosexual, el derecho de existir y de buscar la felicidad?". El tema del respeto nunca debe darse por descontado debido a que un fondo de tipo sociocultural –imposible de eliminar– considerará siempre lo "diferente" (y no sólo lo homosexual) como una amenaza y potencial disgregante de la sociedad humana por el sólo hecho de ser, e incluso con mayor fuerza si reivindica una existencia abierta. El respeto es, entonces, el primer elemento de un proceso educativo y formativo para acoger las diversidades como factores de armonioso crecimiento en una nueva y sinfónica unidad integral, y no como una amenaza en potencia. Como ya se mencionó, la unidad de la Iglesia no debe entenderse como una reductiva y envilecedora uniformidad de pensamiento y acción, sino como una concorde convergencia de las infinitas experiencias de fe en la única verdad de Dios y de Jesucristo como salvador y redentor de cada hombre, verdad plenamente realizada en el curso de la experiencia histórica de la comunidad creyente.

Además, el respeto es la premisa indispensable para iniciar un proceso de aceptación con resultado positivo en la persona con orientación homosexual estable; de hecho, no será posible algún progreso significativo en la madurez y en la serenidad personal si se carece de este elemento. No obstante, aceptarse no significa justificar todo, comprendida la práctica homosexual, sino más bien significa reconocerse en profundidad como persona con un propio valor objetivo y capaz de encontrar un sentido pleno a la propia existencia, incluso sexuada en la línea del Evangelio. El camino podrá ser largo, lleno de dificultades y caídas, pero esto no tiene importancia. ¿Quién de nosotros puede afirmar que haya alcanzado el camino de la perfección cristiana en forma definitiva y estable?

En esta perspectiva, un método para disipar los miedos o prejuicios del homosexual es la decidida condena de cualquier forma de discriminación, injusticia, marginación, prejuicio, violencia psíquica y física hacia las personas homosexuales. Si la Iglesia alza públicamente la voz cuando algún homosexual es sujeto de agresión, estará convirtiendo este hecho en un eficaz testimonio del objetivo de salvación que la Iglesia se propone hacia todos sus hijos. Como afirmaba el Cardenal Hume: "El hecho de que la Iglesia condene los actos homosexuales, no quiere decir que no considere inaceptables y odiosos los actos de violencia que sufren las personas homosexuales". También en la Iglesia, que está llamada a testimoniar el amor de Cristo hacia todos aquellos que tienen necesidad de ayuda y comprensión, muchas personas homosexuales no se sienten aceptadas y experimentan humillaciones, discriminaciones, violencias y presiones psicológicas debido a su diversidad.

5. La castidad como propuesta

En quinto lugar, se plantea el delicado e importante tema de la castidad, a la que cada uno está llamado de acuerdo a su propio estado de vida, cuya propuesta también va dirigida a la persona homosexual. En la óptica de una educación sexual personalista y no naturalista, será más fácil presentar el tema de la castidad como una llamada a la entrega de sí mismo a través de la propia corporeidad, viviendo como dice santo Tomas de Aquino *según el orden de la razón*, o sea en el mundo real conforme a la verdad de las cosas concretas[11]. Algunos objetivos en el acompañamiento a la castidad podrían ser los siguientes:

- educar los propios deseos, y en particular el propio deseo de intimidad (del latín *intimare* = tener relación con aquello que hay de más profundo en otra persona) aceptando también los límites, superando entonces la ilusión de una intimidad capaz de hacer desaparecer las fronteras para llegar a una comunión pura y total (la unidad no borra la alteridad y la diferencia, sino acaso la integra);

- aprender a controlar y también a contrastar, si es necesario, cierta desenfrenada fantasía e imaginación, hoy todavía más acentuada por el mundo virtual de Internet que pone en riesgo de confinar a las personas en una desesperada soledad y aislamiento relacional;

- superar y descartar el mito imperante del mundo actual según el cual la unión sexual sería siempre la coronación de toda intimidad, rehabilitando así la castidad como la capacidad de vivir en el mundo real reconociendo al otro y a sí mismo tal como se es: ni ángeles, ni simples aglomeraciones carnales para el propio placer, sino seres humanos con una historia y un llamado personal a amar en la singularidad del propio estado de vida;

- aprender el difícil arte de estar solos para apreciarnos a nosotros mismos y reapropiarnos de los dinamismos profundos que nos caracterizan como sujetos llamados a vivir una libertad responsable y abierta al Absoluto;

11. Cfr. J. Pieper, *La temperanza*, Morcelliana-Massimo, Brescia-Milán, 2001, p. 41. Para el tema de la sexualidad y la castidad es muy recomendable el bello volumen de T. Radcliffe, *Amare nella libertà. Sessualità e castità*. Qiqajon, Comunità di Bose, Magnano, 2007. Algunas de las observaciones en estas páginas se tomaron de este texto.

• "abrir nuestro amor de tal modo que no se convierta en un pequeño mundo privado donde encontrar un refugio. Debemos compartir nuestros amores con nuestros amigos, y a nuestros amigos con aquellos que amamos [...]. Pero sobre todo, en cada amor podemos dejar un espacio abierto a Dios para que él viva [...]. Cuando amamos profundamente a alguien, Dios está presente, si sólo sabemos ver"[12].

Bajo esta luz, la referencia a la Eucaristía y su celebración asume una importancia extraordinaria y constituye una ocasión de crecimiento y curación espiritual. Ésta se centra de hecho en la entrega del Cuerpo de Señor (Lc 22, 19): en cada Eucaristía nosotros hacemos memoria viva del hecho de que el Señor Jesús ha derramado su sangre para el perdón de los pecados y esto nos da la fuerza de vivir, pasando a través de la muerte y la resurrección que se nos pide de nuestra historia y de nuestra vocación personal.

Otro medio que ayuda es la oración de agradecimiento mediante la cual la persona (sobre todo cuando se encuentra en dificultades especiales) puede reconocer los bienes recibidos de Dios, se libera al menos parcialmente de la prisión de sus preocupaciones y se dirige hacia un sentido de responsabilidad fundado sobre el deseo de responder a la generosidad de Dios, y no en su oscuro sentimiento de culpa.

6. El sacramento de la Penitencia y el acompañamiento espiritual

Un apartado particular, en sexto lugar, está reservado para el sacramento de la Penitencia y el coloquio en el

12. T. Radcliffe, *Amare nella libertà. Sessualità e castità.* op. cit., p. 39s.

acompañamiento espiritual. La pregunta que se plantea un adolescente desorientado y confundido por sus primeros enamoramientos que desvelan una orientación homosexual, y dirige al sacerdote/confesor, es siempre una implícita petición de aceptación. A través de la confesión, la cual tiene sus objetivas connotaciones teológicas, el penitente busca reconciliarse, en primera instancia, con él mismo, superar la angustiante impresión de ser un "error de la naturaleza" o de atraer sobre sí el grito de venganza divina por ser "contra natura" (independientemente de la presencia o ausencia de actos homosexuales). En tales circunstancias, es fácil intuir el impacto relevante que tendrán las palabras pronunciadas por el confesor o por el director espiritual. Con frecuencia, en la intimidad de una entrevista espiritual se decide la propia pertenencia a la Iglesia, ser o no creyente y, no menos importante, la posibilidad de acoger la afectividad y sexualidad como experiencias relacionales positivas en términos de crecimiento personal y comunitario. Si, luego de la entrevista espiritual se pasa al sacramento de la Reconciliación, es fácil imaginar que una absolución apresuradamente negada, debido a que no se consideran las circunstancias concretas y la capacidad actual del sujeto para comprender el significado de la doctrina, puede fácilmente conducir al sujeto a un irreversible abandono, tal vez no de la fe, pero por lo menos de la vida y la práctica eclesial.

Hay algunos pasajes en la vida de las personas en los que la propia fragilidad y necesidad de misericordia requieren atención especial: es importante que los confesores, los padres espirituales, estén particularmente atentos y sensibles a tales momentos, porque los hermanos(as) homosexuales creyentes tienen la intención de confiarse, con todos los miedos y dramas, a la Iglesia y a Cristo a través del ministerio ordenado.

7. Otras posibles iniciativas de ayuda

El Magisterio afirma: "Esta Congregación anima a los Obispos a promover, en sus diócesis, una pastoral dirigida a las personas homosexuales en pleno, de acuerdo con la enseñanza de la Iglesia [...]. Un programa pastoral auténtico ayudará a las personas homosexuales en todos los niveles de su vida espiritual mediante los Sacramentos, y en particular la frecuente y sincera confesión sacramental, a través de la oración, el testimonio, el consejo y la ayuda individual. De este modo la entera comunidad cristiana puede llegar a reconocer su vocación a asistir a estos hermanos y a estas hermanas, evitándoles la desilusión o el aislamiento"[13]. Se pueden, por lo tanto, enumerar otras iniciativas posibles para poner en práctica las exhortaciones pastorales de los documentos citados[14]:

1. Apoyar grupos de reflexión y encuentro para personas homosexuales creyentes en un clima de acogida y solidaridad, persiguiendo un objetivo de verdadero crecimiento espiritual; y favorecer igualmente y de manera prudente encuentros y diálogo en la fe entre personas de diferente orientación sexual para superar prejuicios, para conocerse y comprenderse, y para evitar la creación de "guetos";

2. solicitar presbíteros preparados y disponibles para una ayuda-acompañamiento de personas homosexuales; esto supone antes que nada el empeño de prepararlos en este

---

13. Congregación para la Doctrina de la Fe, *Cura pastorale delle persone omosessuali*, op. cit., n. 15.
14. Cfr. también el n. 17 del mismo documento *Cura pastorale delle persone omosessuali*.

tipo de tarea, así como trabajos de formación específica para los operadores pastorales[15];

3. apoyar a los padres de las personas homosexuales a través de un diálogo personal y grupos de escucha y confrontación.

Finalmente se presenta la interrogante: "¿A quién pedir ayuda?". Es la pregunta que se plantea principalmente todo joven desorientado que siente en sí mismo la predilección homosexual, pero también es la pregunta que puede hacerse el guía espiritual o el confesor. Las posibles respuestas son:

Una primera respuesta (aunque no siempre la primera en sentido cronológico) atañe a su familia. A la familia se le puede pedir una respuesta afectiva de aceptación, apoyo y ayuda para entender y en ocasiones simplemente escuchar. El hecho de que el individuo homosexual dirija sus propias comunicaciones y peticiones a la familia, indica cierto conocimiento de sí mismo. También es probable que se haya calculado previamente el terreno y exista la disponibilidad de acogida y escucha. En este caso afortunado probablemente tendremos padres a la altura de la tarea que se les ha confiado, situación un tanto compleja. Sin embargo, es frecuente que los mismos padres sean los que pidan ayuda, pues no están preparados para enfrentar esta situación. Y en este sentido, pueden recibir la asesoría de psicólogos o por sacerdotes.

---

15. Cfr. Plano pastoral 2004/2005, Diócesis de Trapani: "El miedo de ser inmediatamente juzgados y enviados a las llamas de Sodoma y Gomorra impide, en la mayoría de los casos, la relación explícita con la Iglesia y los sacerdotes. Sin querer dirimir una cuestión de consecuencias morales muy complejas, nos parece justo exhortar a una mayor preparación espiritual y psicológica de los sacerdotes y de todos los operadores pastorales para saber comprender el drama que frecuentemente está detrás del rostro triste y perdido de personas que están a nuestro lado y animar a las familias a hacer lo mismo".

Una segunda respuesta la encontrarán en los amigos: es cada vez más frecuente que el "grupo de iguales" ofrezca solidaridad y sentido de pertenencia, que a veces compensa algunas dramáticas carencias de la familia. Generalmente, en esos ámbitos se buscan soluciones más o menos compartidas con quien se considera "más cercano a mi realidad". A veces los amigos son el medio para un acercamiento de mayor confianza con un sacerdote o un adulto capaz de escuchar.

Por último, las intervenciones del psicólogo y también del sacerdote pueden aprovechar el momento de confrontación en un grupo de homosexuales creyentes, para ofrecer apoyo, no sólo de discusión sino de sana amistad fraterna y evangélica.

APÉNDICE

I. El marco antropológico católico de la sexualidad

En este primer apéndice queremos delinear, sin pretensiones científicas, el marco teológico-antropológico donde se sitúa la Iglesia católica y el Magisterio, representados por el Papa y los Obispos, a propósito de la sexualidad y la vida relacional de ser humano.

Como se sabe, la antropología cristiana considera que el amor y el ejercicio de la sexualidad, en sentido amplio, comunes a cada persona, encuentran su expresión última –que habilita también al ejercicio de la genitalidad–, en el matrimonio querido por Dios como fundamento de la relación de pareja y de la procreación. De aquí se deriva también la atención constante de la Iglesia por la familia, excelente realidad por considerarse la célula fundamental de la vida en sociedad. Sin embargo, en nuestro tiempo resulta más difícil comprender las enseñanzas del Magisterio respecto a la ética sexual cristiana. Una explicación de tales dificultades se encuentra en los cambios acerca de la concepción de la sexualidad y en las transformaciones que ha sufrido la familia en estos últimos cincuenta años. En particular, se puede afirmar junto con la socióloga francesa Evelyne Sullerot[16] que en el espacio de algunos decenios la familia ha sido arrollada por al menos tres revoluciones:

1. La revolución contraceptiva (1965) que ha separado el ejercicio de la sexualidad, de la procreación;

---

16. Cfr. E. Sullerot, *Pilule, Sexe, ADN. Trois revolutions qui ont bouleversé la famille*, Fayard, París, 2006, op. cit. en G. Grandis, *I "gruppi familiari": una struttura permanente di cura pastorale della famiglia*, en V. Danna (edición), *Famiglie in cammino*, Effatá Editrice, Cantalupa, 2008, p. 10.

2. la revolución sexual (1975) que ha liberado el ejercicio de la sexualidad de su relación única con la experiencia conyugal;

3. la revolución genética (1985), que ha permitido formas de manipulación que relevan a la pareja de la tarea exclusiva de generar la vida.

Dos de estas revoluciones, la contraceptiva y la genética –observa Sullerot– son irreversibles. Todo esto ha conducido a una neta separación entre sexo, amor y fecundidad (procreación).

Frente a esta situación, la Iglesia ha intentado hablar críticamente con intervenciones precisas en el plano ético, con el fin de iluminar las conciencias sobre los valores que están en juego. Pablo VI respondió a la revolución contraceptiva con la *Humanae vitae* (1968): una intervención dolorosa que llegó a su fin después de una larga búsqueda y consulta de expertos, muy discutida incluso al interior de la comunidad cristiana. Contra la revolución sexual, que ponía en discusión los valores esenciales de la persona humana, intervino la Congregación para la Doctrina de la Fe, con el documento *Persona humana. Declaración acerca de ciertas cuestiones de ética sexual* (1975). En cuanto a la tercera revolución, la genética, la Congregación para la Doctrina de la Fe se ha expresado con la Instrucción *Donum vitae* (1987).

Con estas intervenciones, la Iglesia ha querido defender *la familia como lugar de la experiencia de unidad entre amor-sexualidad-fecundidad*: de esta forma se defiende y se promueve el bien de la persona humana. De hecho, "El bienestar de la persona y de la sociedad humana y cristiana está estrechamente ligado a la prosperidad de la comunidad conyugal y familiar" (*Gaudium et Spes*, n. 47).

Con su primera encíclica *Deus caritas est*, Benedicto XVI quiere promover el diálogo con el hombre moderno acerca de las muchas cuestiones que tienen que ver con el futuro, del plano ético, que tantas críticas de oscurantismo han atraído sobre la Iglesia, al plano antropológico: del plano de las normas que el hombre está invitado a seguir, al plano del sujeto humano, llamado a realizar libre y responsablemente la propia dignidad y plenitud. Se trata de una innovación importante en este nuevo escenario donde habita el hombre occidental: el llamado al individuo, con sus recursos de inteligencia, responsabilidad y libertad. Benedicto XVI recuerda con insistencia que el cristianismo no es un cúmulo de prohibiciones, sino una opción positiva; que ser cristianos significa hacer resonar en el mundo el "sí" que Dios continúa diciendo al hombre, a la vida, a la libertad, a la inteligencia, al amor; y que, también cuando se nos llama a decir "no", en realidad son unos "no" a todo aquello que está en contra de la vida y el amor.

En este escenario, mencionamos brevemente el desarrollo del pensamiento cristiano acerca de la sexualidad. Partiendo del evangelio de Mateo (19, 1-12) como fundamento de todo enfoque cristiano a la sexualidad[17], se pueden evidenciar sintéticamente cuatro aspectos de la sexualidad:

1. La sexualidad es un *don* de Dios y es parte del plan creador desde el principio, en tal sentido ésta es patrimonio y tarea de cada ser humano, cualquiera que sea su estado de vida: las personas consagradas y célibes

---

17. Es el comentario que Jesús hace a algunos extractos de las dos historias de la creación (Gén 1-2), después de haber tomado posición acerca de la cuestión del divorcio en Mateo 19, 1-12: "¿No han leído que el Creador, desde el principio, los hizo hombre y mujer (Gén 1, 27), y que dijo: Por esta razón deja el hombre a su padre y a su madre y se une a su mujer, y los dos se hacen uno solo (Gén 2, 24)? De manera que ya no son dos, sino uno solo. Por tanto, lo que Dios unió, que no lo separe el hombre".

tampoco pueden hacer a un lado la "expresión sexuada" de sí mismos (aunque no sea de tipo genital);

2. el hombre y la mujer, encontrándose en la relación sexual plena, pueden enriquecerse y volverse más "humanos", o sea capaces de dar y relacionarse; por esto el fin del ejercicio de la sexualidad en el matrimonio es la *humanización* del hombre y la mujer (que siempre conllevará una apertura a la fecundidad);

3. la sexualidad, para ser vivida de forma equilibrada, supone la superación de la etapa de dependencia infantil, es decir, pide la "separación" del padre y de la madre, o bien el logro de la autonomía personal (tanto para los casados como para los célibes y los consagrados);

4. éste es el llamado a *simbolizar y expresar* el amor creador de Dios; en este sentido la pareja hombre-mujer expresa en modo particularmente firme la imagen y semejanza de Dios (Gén 1–2).

También en el ámbito cristiano se han dado diversas concepciones de la sexualidad. La concepción tradicional hasta el siglo pasado consideró la sexualidad como "parte vinculada a lo corpóreo, localizada principalmente en los órganos genitales, pero suavemente difundida en toda la corporeidad, ordenada a la procreación, desviada por la lujuria hacia el placer, y que debe dominarse con la virtud de la castidad. De aquí la lista de los pecados en pensamientos, palabras, obras, omisiones y la necesidad de educarse para la castidad"[18]. Desde esta perspectiva, la sexualidad resulta ser *parte de la persona* perteneciente al cuerpo y con el fin de la procreación. Se trata de una concepción que ve la sexualidad como realidad seria y abierta a la vida, pero carente de la

---

18. G. Muraro, *Corso di morale sessuale e familiare*, inédito; cfr. también los demás artículos del mismo autor en *Vita pastorale*, 8 (2002) y 11 (2002).

interpersonalidad masculina/femenina. La intimidad sexual de los cónyuges es una *concesión a la debilidad* de la pareja (*remedium concupiscentiae*), y el *placer* sexual, aun si se considera importante, es visto como sospechoso e incluso irrelevante para el crecimiento de los cónyuges en la perfección y la santidad (es decir, en la vida espiritual).

Durante las últimas décadas del siglo XX, se reaccionó ante esta concepción (cfr. la denominada "liberación" sexual, los escritos de Herbert Marcuse, el movimiento feminista) con una visón idéntica respecto a la concepción de la sexualidad perteneciente al cuerpo, pero dirigida sólo al placer y que debido a la "triste" consecuencia de la procreación, se controla a través de los anticonceptivos. Ésta es una concepción limitada y errónea de la sexualidad porque se encierra en el placer, pero carece de creatividad y de caracter interpersonal.

Gracias al Concilio Vaticano II y a los estímulos externos, el catolicismo analizó nuevamente el tema de la sexualidad: la sexualidad no se entiende ya como una "parte" de la corporeidad sino que involucra toda la persona en su ser hombre o mujer (masculinidad y feminidad); ésta expresa un mundo pleno de riqueza humana que el hombre y la mujer pueden transmitirse a través de los múltiples gestos de la vida. Son símbolo de ello Adán y Eva al inicio del plan creador de Dios (Génesis 2): Adán busca a Eva no sólo para procrear, sino para salir de su soledad y Eva está "frente" a Adán para llevar una relación paritaria y fecunda. La sexualidad, entonces, según la nueva concepción, se convierte en una gran *energía de comunicación* que erradica la soledad e insta y estimula los grandes recursos de la vida inherentes a la masculinidad y la feminidad: comunicación a través de la unión de las dos personas y fecundidad en su triple dimensión procreadora, conyugal y social.

"En el contexto de una cultura que deforma o incluso pierde el verdadero significado de la sexualidad humana, porque *la desarraiga de su referencia a la persona*, la Iglesia siente más urgente e insustituible su misión de presentar la sexualidad como *valor y función de toda la persona creada, varón y mujer*, a imagen de Dios"[19]. En dicha visión, la sexualidad no se concibe "como una serie de gestos físicos, sino como un todo unitario que pone en juego *la vida en sí misma* con toda la riqueza humana de masculinidad y feminidad que ella contiene, y que los hace crecer y los vuelve fecundos de vida a través de los muchos gestos que tienen a su disposición, incluso el de la intimidad sexual"[20]. Esto conlleva, entonces, una concepción del cuerpo equilibrada y respetuosa. La Iglesia católica no puede olvidar los textos del Génesis 1–2 acerca de la importancia de la polaridad femenina-masculina que es también experiencia común, vivida por todos en cualquier época y en cualquier cultura aunque con diversa intensidad, y que hoy tiende a debilitarse, como si fuera una simple línea de demarcación con límites lábiles y mutables. Es importante mencionar que tal polaridad también está presente en la experiencia homosexual y no sólo por la definición misma de homosexualidad como una ausencia de polaridad. El otro elemento que enfatiza la Iglesia es la inseparabilidad entre la dimensión de la relación sexual y la dimensión de la fecundidad. En este marco se ubican y

---

19. Juan Pablo II, *Familiaris Consortio, Exhortación apostólica sobre la misión de la familia cristiana en el mundo actual*, 1981, n. 32: es el párrafo que confirma la conexión inseparable entre los dos significados –unitivo y procreador– del matrimonio, y confirma la doctrina del *Humanae Vitae* acerca de la regulación de la natalidad (las cursivas son nuestras).
20. G. Muraro, *Corso di morale sessuale e familiare*, inédito.

comprenden los textos magisteriales que tienen que ver con las personas homosexuales y el rechazo a justificar los actos sexuales entre personas del mismo sexo[21]. El paradigma de fondo con el cual el Magisterio se pronuncia en todos estos casos es el de la pareja heterosexual, tomada precisamente como modelo.

II. La Iglesia y las personas homosexuales. Los textos del Magisterio

Antes que nada, los textos del Magisterio hablan de *personas homosexuales* para señalar que la persona viene antes que la sexualidad: se trata de la *persona cristiana*, que se encuentra viviendo, *sin haberlo escogido*, una orientación homosexual y tiene derecho a ser acompañada en el propio camino de fe hacia un encuentro salvífico con Cristo y en el discernimiento del proyecto que Dios tiene para ella. El documento de la Congregación para la Doctrina de la Fe de 1986 afirma: "La persona humana, creada a imagen y semejanza de Dios, no puede ser definida en modo adecuado con una limitada referencia sólo a su orientación sexual. *Cualquier* persona que vive sobre la faz de la tierra tiene *problemas y dificultades personales*, pero *también cuenta con la oportunidad de crecer, recursos, talentos y dones propios*. La Iglesia ofrece ese mismo concepto que hoy se percibe como una extrema exigencia para el cuidado de la persona humana, propiamente cuando

---

21. Estos actos "niegan al acto sexual el don de la vida. No son el fruto de una verdadera complementariedad afectiva y sexual. En modo alguno pueden ser aprobados" (Congregación para la Doctrina de la Fe, *Considerazioni circa i progetti di riconoscimento legale delle unioni tra persone omosessuali*, 3 de junio, 2003, n. 4).

71

se rehúsa a considerar a la persona sólo como "heterosexual" u "homosexual" y subraya que *cada uno tiene la misma identidad fundamental*: ser creatura y, por la gracia, hijo de Dios, heredero de la vida eterna"[22].

Para comprender correctamente los pronunciamientos del Magisterio debemos considerar algunos elementos hermenéuticos generales. Antes que nada el Magisterio, en general, interviene sobre ciertos temas cuando la situación interna o externa a la Iglesia así lo requiere. En segundo lugar, en sus intervenciones intenta definir los límites, ofrecer orientaciones y fijar definiciones que ayuden al creyente a no perderse en los múltiples caminos del error. Por lo tanto, no debe esperarse un tratado exhaustivo de los temas que considera el Magisterio, porque esto se deja a la reflexión de los teólogos y especialistas de las diversas ciencias. Finalmente, también se menciona que por lo general el tenor lingüístico de tales documentos es más bien técnico, ligado a la tradición y poco accesible al sentido común: esto requiere una mediación hermenéutica para no malinterpretar las afirmaciones, y no confundir lo que es secundario con aquello que el documento afirma con fuerza. Con frecuencia, la presentación mediática de dichos documentos tropieza precisamente con estos riesgos de interpretaciones equivocadas. Una vez dicho esto, leamos en un contexto positivo y constructivo algunos puntos de los pronunciamientos del Magisterio sobre el tema en cuestión.

El *Catecismo de la Iglesia Católica* presenta una sobria definición de homosexualidad: "La homosexualidad se refiere a las relaciones de hombres y mujeres que se sienten atraídos sexualmente de manera exclusiva o predomi-

---

22. Congregación para la Doctrina de la Fe, *Cura pastorale delle persone omosessuali*, op. cit., n. 16.

nante hacia personas del mismo sexo. Se ha manifestado en formas muy variadas a lo largo de los siglos y en las diferentes culturas. *Su génesis psíquica permanece en gran parte inexplicable"*[23].

En el documento de la Congregación para la Doctrina de la Fe, *Persona humana. Ciertas cuestiones de ética sexual,* de 1975, se distinguen dos formas de homosexualidad (en el n. 8):

- La homosexualidad *transitoria*: "Homosexuales cuya tendencia deriva de una falsa educación, falta de evolución sexual normal, hábitos contraídos, malos ejemplos u otras causas análogas";

- la homosexualidad *estructurada*, componente fundamental de la persona: "Homosexuales que definitivamente lo son a causa de una especie de instinto innato o constitución patológica, juzgada incurable" (el texto adolece de lo que ya se sabía en los años 70).

En este último caso, a propósito de los actos homosexuales, se afirma que aun siendo intrínsecamente malos, *serán juzgados con cautela*: "En la acción pastoral, los homosexuales estructurados deben ser acogidos *con comprensión y apoyados en la esperanza* de superar sus dificultades personales y desadaptación social. Su culpabilidad será juzgada *con prudencia"*. Además, se afirma que el juicio de condena que la Escritura (Gén 19, 1-11; Lev 18, 22; 20, 13; 1 Cor 6, 9, Rom 1, 18-32; 1 Tim 1-10) emite respecto a las acciones homosexuales, "no permite concluir que todos aquellos que sufren esta anomalía, sean personalmente responsables", aún rebatiendo que "los actos homosexuales son *intrínsecamente desordenados* y que, en ningún caso, pueden recibir algún tipo de aprobación".

---

23. *Catecismo de la Iglesia Católica*, n. 2357.

El documento ulterior de la Congregación para la Doctrina de la Fe, *El cuidado pastoral de las personas homosexuales,* de 1986, retoma el documento de 1975 con alguna anotación más severa debido a malos entendidos y tendencias a acreditar la neutralidad o incluso la bondad del comportamiento homosexual. Se rebate la distinción común entre *condición/ tendencia* homosexual y *actos* homosexuales; se subraya que la actividad homosexual está fuera del plan divino creador que considera el uso *moralmente correcto* de la facultad sexual sólo en la relación conyugal y en la actuación de su fin propio, que es doble: unión de los cónyuges y apertura a la vida/procreación. Sin embargo, con ello se subraya que "esto no significa que las personas homosexuales no sean con frecuencia generosas y vean por los demás; no obstante, cuando se comprometen en una actividad homosexual, éstas refuerzan dentro de sí una inclinación sexual desordenada, por sí misma caracterizada por la autocomplacencia"[24]. Además, continúa, "*se deplora con firmeza* el hecho de que las personas homosexuales hayan sido y todavía sean objeto de expresiones malévolas y acciones violentas. Comportamientos similares merecen la condena de los pastores de la Iglesia, en dondequiera que se den. Estos revelan una falta de respeto de los demás, lesiva de los principios elementales sobre los que se basa una sana convivencia. La *dignidad de cada persona* siempre debe ser respetada en palabras, acciones, y legislaciones"[25]. Ante una visión determinante del homosexual que se vería obligado a comportarse así porque su tendencia no es el resultado de una decisión deliberada, se rebate la *libertad fundamental* de cada persona (en cuanto a los actos) aun reconociendo que "pueden subsistir circuns-

24. Congregación para la Doctrina de la Fe, *La cura pastorale delle persone omosessuali*, op. cit., n.7.
25. Ibíd, n. 10.

tancias tales que minimicen o incluso borren la culpabilidad de cada individuo"[26].

¿Qué pueden hacer los homosexuales que desean seguir al Señor? Al igual que los creyentes, ellos también son llamados a "cumplir la voluntad de Dios en sus vidas, uniendo cada sufrimiento y dificultad que puedan experimentar por motivo de su condición, al sacrifico de la cruz del Señor. Para el creyente, la cruz es un sacrificio fructífero, ya que de aquella muerte provienen la vida y la redención [...]. Éste es el camino de la salvación para todos aquellos que son seguidores de Cristo"[27]. Y además: "Las personas homosexuales *están llamadas como los demás cristianos a vivir la castidad.* Si se dedican con asiduidad a comprender la naturaleza del llamado personal de Dios hacia ellas, éstas serán capaces de celebrar con mayor fidelidad el sacramento de la Penitencia, y recibir la gracia del Señor, para poder ser parte plena de sus designios"[28].

Es también interesante el *Catecismo de la Iglesia Católica* que afronta el tema de la homosexualidad en los nn. 2357-2359 y afirma: "*Un número considerable* de hombres y mujeres presentan tendencias homosexuales *innatas. No eligen* su condición homosexual; ésta constituye para la mayoría de ellos, una auténtica prueba. Por esto, deben ser acogidos con *respecto, compasión y delicadeza.* En atención a ellos se evitará, todo signo de discriminación injusta. Estas personas están llamadas a realizar la voluntad de Dios en su vida, y, si son cristianas, a unir al sacrificio de la cruz del Señor las

---

26. Ibíd, n. 11. Para una profundización cfr. también el libro de C. Miglietta, *Quando amare é difficile. Coppie in crisi, divorziati, omosessuali: quali cammini alla sequela del Risorto?* Gribaudi, Milano 2007.
27. Congregación para la Doctrina de la Fe, *La cura pastorale delle persone omosessuali*, op. cit., n.12.
28. Ibíd, n. 1

dificultades que pueden encontrar a causa de su condición". "Las personas homosexuales están llamadas a la castidad. Mediante virtudes de dominio de sí mismos que eduquen la libertad interior, y a veces mediante el apoyo de una amistad desinteresada, de la oración y la gracia sacramental, *pueden y deben acercarse* gradual y resueltamente *a la perfección crisitana*"[29].

Las referencias analizadas permiten ver claramente que el Magisterio confirma para estas personas la *real posibilidad de un camino espiritual* dentro de la Iglesia, un camino de santidad, como para todos los bautizados. También es posible un camino de compromiso y testimonio al interior de la comunidad cristiana. Al favorecer este camino, también se dice que la Iglesia tiene la tarea de *escuchar, comprender* y *ayudar* a cada fiel para llevarlo al encuentro vivificante con Cristo. Es necesario ayudar, especialmente con "respeto, compasión y delicadeza" a la persona homosexual para que viva de manera positiva y reconciliada la relación consigo misma, con el prójimo y con el Padre.

Bibliografía básica

Principales textos del Magisterio

– Congregación para la Doctrina de la Fe, *Persona umana. Alcune questioni di etica sessuale*, 1975.

– Congregación para la Educación Católica, *Orientamenti educativi sull'amore umano. Lineamenti di educazione sessuale*, 1983.

– Congregación para la Doctrina de la Fe, *La cura pastorale delle persone omosessuali*, 1986.

– *Catecismo de la Iglesia Católica*, Libreria Editrice Vaticana, Vaticano 1992, nn. 2357-2359.

– Consejo Pontificio para la Familia, *Sessualitá umana: veritá e significato. Orientamenti educativi in famiglia*, 1995.

– Congregación para la Doctrina de la Fe, *Notificazione riguardante* sr. Jeannine Gramick, SSND, y P. Robert Nugent, SDS, 1999.

– Consejo Pontificio para la Familia, *Famiglia, matrimonio e "unioni di fatto"*, 2000.

– Congregación para la Doctrina de la Fe, *Considerazioni circa i progetti di riconoscimento legale delle unioni tra persone omosessuali*, 2003.

– Congregación para la Doctrina de la Fe, *Letrera ai Vescovi della Chiesa Cattolina sulla collaborazione dell'uomo e Della donna nella chiesa en el mondo*, 2004.

– Congregación para la Educación Católica, *Istruzione circa i criteri di discerenimento vocazionale riguardo alle persone con tendenze omosessuali in vista Della loro ammissione al seminario e agli ordini sacri*, 2005.

Libros y artículos para profundizar

Textos y artículos específicos

– Kiely, Baratholomew, *La cura pastorale delle persone omosessuali*, en *Rivista del Clero italiano*, 68 (1987) 9, pp. 583-589.

– Mc Neil, John J., *Libertà, gloriosa libertà. Un cammino di spiritualità e liberazione per omosessuali credenti*, Edizioni Gruppo Abele, Torino 1996 [1995].

– Pezzini, Domenico, *Alle porte di Sion. Voci di omosessuali credenti*, Monti, Saronno 1998.

– Pezzini, Domenico, *Per un cammino di vita interiore della persona omosessuale*, en *Credere oggi*, 20 (2000) 116, pp. 73-97.

– Piana, Giannino, *La crescita della persona. Confessare la propria omosessualità? Per una reinterpretazione antropologico-etica dell'omosessualitá*, en *Credere oggi, Le persone omosessuali* (2000).

– Aa.Vv. *Il posto dell'altro. Le persone omosessuali nelle chiese cristiane*, Ediciones La Meridiana, Molfetta 2000.

- Teisa, Stefano, *Le strade dell'amore. Omosessualità e vita cristiana*, Roma, 2002.

- Lacroix, Xavier, *In principio la differenza. Omosessualità, matrimonio, adozione*, Vita e Pensiero, Milano 2006 [2005].

- Miglietta, Carlo, *Quando amare è difficile. Coppie in crisi, divorziati, omosessuali: quali cammini alla sequela del Risorto?*, Gribaudi, Milán, 2007.

Textos generales sobre el tema de la sexualidad

- Bresciani, Carlo, *Personalismo e morale sessuale. Aspetti teologici e psicologici*, Piemme, Roma 1983.

- Fuchs, Eric, *Desiderio e tenerezza. Fonti e storia di un'etica cristiana della sessualità e del matrimonio*, Claudiana, Turín, 1988 (reimpresión).

- Bastiaire, Jean, *Eros redento. Amore e ascesi*, Qiqajon, Comunità di Bose, Magnano 1996.

_ Lacroix, Xavier, *Il corpo e lo spirito. Sessualità e vita cristiana*, Qigajon, Comunità di Bose, Magnano 1996

- Lacroix, Xavier, *Il corpo di carne. La dimensione etica, estetica e spirituale dell'amore*, Edizioni Dehoniane, Bolonia 1998.

- Cahill, Lisa Sowle, *Sesso, genere e etica cristiana*, Queriniana, Brescia 2003.

- Radcliffe, Timothy, *Amare nella libertá. Sessualità e castità*, Qiqajon, Comunitá di Bose, Magnano 2007.